WESTEND

FRIEDHELM HENGSBACH

»Was ist los mit dir, Europa?«

Für mehr Gerechtigkeit, Frieden und Solidarität!

WESTEND

Mehr über unsere Autoren und Bücher:
www.westendverlag.de

Die Deutsche Nationalbibliothek verzeichnet diese Publikation in der Deutschen Nationalbibliografie; detaillierte bibliografische Daten sind im Internet über http://dnb.d-nb.de abrufbar.

FSC
www.fsc.org
MIX
Papier aus verantwortungsvollen Quellen
FSC® C083411

ISBN: 978-3-86489-166-3

Umschlaggestaltung: Buchgut, Berlin
Satz: Publikations Atelier, Dreieich
Druck und Bindung: CPI – Clausen & Bosse, Leck
Printed in Germany

Inhalt

Vorwort

»Was ist los mit dir, Europa?« Diese Frage richtete Papst Franziskus an die Repräsentanten des Europäischen Parlaments, der Kommission und des Rates, als er im Vatikan den Aachener Karlspreis des Jahres 2016 entgegennahm. Wieso hatte sich das zuständige Kuratorium für den Papst entschieden? Früher riefen die Päpste weltliche Mächte um Hilfe – etwa den fränkischen König, die deutschen Kaiser oder die Franzosen. Wieso wechseln diejenigen, die helfen und die um Hilfe bitten, ihren Platz?

Franziskus kommt vom Ende der Welt, er redet vor den versammelten europäischen Eliten aus der Perspektive der südlichen Erdhalbkugel. Er ist den Geflüchteten in Lampedusa und auf Lesbos nachgegangen. Ihn treibt die Sorge um ein Europa, das sich den Ereignissen in der Welt ausliefert, ohne sie kreativ zu steuern und zu gestalten. Es verschanze sich hinter Mauern und ziehe die Zugbrücken hoch, es zerfasere nach innen in eine Vielzahl eigenwilliger Nationen. Jenes Europa der Menschenrechte und Demokratie wirke hilflos angesichts der Ausbrüche militärischer Gewalt, der Naturzerstörung und der bedrückenden Zahl abgehängter Jugendlicher in Südeuropa. Was ist los mit dir, Europa?

Die drei Präsidenten des Parlaments, der Kommission und des Europäischen Rates haben eine sehr persönliche Antwort gegeben. Donald Tusk hat einen flammenden Brief an seine Kollegen geschrieben und sie an Einigkeit angesichts der riesigen weltweiten, transatlantischen und inneren Verwerfungen gemahnt. Er hat an die Würde und den Stolz der Europäerinnen und Europäer appelliert, die durch die großen Leistungen der Union gerechtfertigt seien. Jean-Claude Juncker treibt die Sorge um, dass die Mitgliedsländer den Austrittswünschen des Vereinigten Königreichs nicht geschlossen genug begegnen. Und Martin Schulz bricht den angeblichen Kern Europas auf und macht die sozialen Risse zum Thema seines neuen Mandats. Ihn begleitet Jean-Claude Juncker begleitet mit der spitzen Bemerkung, dass er sich nicht traue, von Europa als einer Sozialunion zu sprechen, weil dann die Deutschen einen Schüttelfrost bekämen.

Nicht nur die europäischen Eliten reagieren auf den Papst. Was ist los mit dem Unbehagen und dem Ärger, den so viele Menschen in Europa empfinden – über die Regelungswut der Behörden, die in die private Alltagswelt hineinregieren, über den Schlamassel der Strukturen und Verfahren, die kaum einer mehr durchschaut? Wie konnte der tiefe Graben entstehen zwischen den Regierenden und den Bürgerinnen und Bürgern, dem ersten Souverän der Europäischen Union? Denk ich an Europa, empfinde ich wie jenes zwölfjährige Mädchen, das im Sommer 2016 in der Tiroler Volkszeitung ein Bild malte und dazu schrieb: »Letzte Nacht, kurz vor dem Schlafengehen, nahm ich den Globus in den Schoß, strich sanft mit den Fingern über die Welt und fragte, wo es weh tut ... ›Überall‹, flüsterte sie.«

Das Weißbuch der Kommission zur Zukunft Europas hat mich überrascht. Schade, dass Jean-Claude Juncker bloß eine bunte Mischung aus der EU 27 gesammelt und zu fünf Szenarien gebündelt hat. Das erste Szenario lässt alles wie bisher weiterlaufen. Das zweite lenkt den Blick konzentriert auf den Binnenmarkt, ohne ihn sozial weiter einzubinden. Im dritten Szenario kooperiert eine »Koalition der Willigen« intensiver in den Bereichen etwa der Verteidigung, der inneren Sicherheit, der Finanz-, Arbeits- und Sozialpolitik, während die Differenz zu den übrigen Staaten größer wird. Im vierten Szenario bleiben weniger relevante Bereiche den Mitgliedsländern überlassen. Das fünfte Szenario umschreibt eine politische Vertiefung der EU in allen Bereichen, wohl ohne Aussicht auf Zustimmung. Die Umrisse der anderen Szenarien bleiben vage, lösen den bestehenden Wirrwarr der Institutionen, Verfahren und Kompetenzen in der EU nicht auf und sprengen langfristig den sozialen Zusammenhalt der EU.

In der angeregten Debatte, die Mitte Februar im Europäischen Parlament darüber geführt wurde, wie die nähere Zukunft der Europäischen Union aussehen könnte, sehe ich die fünf Kapitel meiner sozialethischen Reflexion gespiegelt: Im ersten Kapitel schildere ich die sozialen Risse innerhalb und zwischen den Mitgliedsländern, die der Binnenmarkt und die Währungsunion verschärft haben. Im zweiten Kapitel bezweifle ich die Aussage der deutschen Kanzlerin: »Europa ist keine Sozialunion«, weil ihr die EU-Verträge widersprechen, die den solidarischen Zusammenhalt der Länder und Regionen einfordern. Das dritte Kapitel geht den Ursachen nach, wieso die Botschaft der drei Worte »Wir schaffen das« in Europa und in Deutschland gescheitert ist. Stattdessen lautet die Parole: »Wir schaffen die Abschiebung der Geflüchteten in Abfanglager außerhalb der EU.« Das vierte Kapitel ist gegen die auswuchernden EU-Gipfelspektakel geschrieben und betont den vielfältigen Charme nationaler und regionaler Identität. Im fünften Kapitel wird eine Konstitution der Europäischen Union skizziert – anstelle eines Europas ungleicher Geschwindigkeiten unter »besonderer Verantwortung Deutschlands«, das dazu neigt, die politische Dimension der Union auf Wirtschaft, Geld und Waffen zu verkürzen. Ein solches Europa nach deutschem Geschmack wäre kein solidarisches Europa.

1 »Wie ein Riss in einer hohen Mauer«

Das Motiv der gerissenen Mauer ist dem biblischen Buch Jesaja (Jes. 30,15) entnommen. Der Rat der Evangelischen Kirche Deutschlands hatte mit diesem Vergleich bereits 2009 die Folgen und Ursachen der beispiellosen Finanz- und Wirtschaftskrise auszumalen versucht. Er beschrieb die sozialen Risse, die innerhalb der Staaten der Europäischen Union und zwischen ihnen aufgebrochen waren. Wie konnte es dazu kommen, dass die Grundsätze der europäischen Verträge, die Solidarität unter den Mitgliedsländern zu stärken und den gesellschaftlichen Zusammenhalt zu fördern, in ihr Gegenteil verkehrt wurden? Meine Antwort lautet: Das marktradikale Erbgut, das in den vergangenen 30 bis 40 Jahren weltweit die wirtschaftliche und politische Arena beherrscht hat, ist in die Konstruktion des Europäischen Binnenmarkts und der Währungsunion eingeflossen und hat dort große Schäden verursacht.

1.1 Epochaler Wetterwechsel

Zu Beginn der 1980er Jahre kündigte sich weltweit ein sozioökonomischer Wetterwechsel an. Botschafter jenes Umbruchs waren Friedrich August von Hayek und Milton Friedman, und sie propagierten drei zentrale Ideen:

Erstens habe in modernen Gesellschaften der Markt alle gesellschaftlichen Verhältnisse durchdrungen und das Wesen menschlicher Beziehungen grundlegend verändert. Auf dem freien Markt begegneten sich Menschen als eigenständige Wirtschaftssubjekte, die Güter anbieten oder nachfragen und ausschließlich darauf bedacht seien, den eigenen Nutzen zu steigern. Auf Tauschhandlungen ließen sie sich nur dann ein, wenn sie dadurch einen Gewinn erzielten. Durch den marktwirtschaftlichen Wettbewerb und die privaten Eigentumsrechte werde die Preisbildung garantiert und Angebot und Nachfrage effizient aufeinander abgestimmt. In der Folge erzeuge die Selbststeuerung des Marktes einen höheren gesellschaftlichen Wohlstand als jede noch so akribische zentrale Planung.

Zweitens habe sich mit dem weltweit wachsenden Wohlstand das Gewicht der Geld- und Gütermärkte verändert. 1971 kündigten die USA ihre Selbstverpflichtung auf, Forderungen in US-Dollar zu einem festen Wechselkurs gegen Gold einzutauschen, und der US-Dollar wurde drastisch abgewertet. Daraufhin erhöhten die Öl exportierenden Länder zweimal den Rohölpreis, was in der ganzen Welt dramatische monetäre und realwirtschaftliche Schocks auslöste. Gewaltige Finanzströme flossen aus den Industrieländern in die Öl exportierenden Länder und wieder zurück. Die Finanzmärkte und die Zahl der Finanzunternehmen expandierten in einem nie gekannten Ausmaß. Das Volumen und die Geschwindigkeit der Finanzgeschäfte koppelten sich mehr und mehr von der Realwirtschaft ab. Die Finanzwirtschaft gab seitdem den Ton an, und die Realwirtschaft hatte nach der befohlenen Melodie zu tanzen.

Drittens führe die ausufernde Bereitstellung öffentlicher Güter wie Gesundheits-, Bildungs- und Verkehrsleistungen dazu, dass knappe und kostbare Ressourcen in einem unvorstellbaren Ausmaß verschwendet werden. Denn meistens stehen solche Güter unter dem Vorwand gleicher Gerechtigkeit allen Mitgliedern moderner Gesellschaften ohne eine

Gegenleistung zur Verfügung. Zudem werden sie im Unterschied zu privaten Angeboten, die dem marktwirtschaftlichen Wettbewerb unterliegen, meist weniger effizient hergestellt, bürokratisch gelenkt und überteuert bereitgestellt. Deshalb sollten der Wettbewerb des freien Marktes und individuelle Verfügungsrechte Vorrang haben vor öffentlicher Bewirtschaftung und Zuteilung.

Der marktradikale, kapitalorientierte und privatlastige Wetterwechsel hat sich über den Nordatlantik hinweg nach Großbritannien und von dort in Richtung des europäischen Kontinents ausgebreitet. Jene drei Parolen einer »neuen Wirtschaftspolitik« ließen das Baugerüst solidarischer und umlagefinanzierter Sicherungssysteme instabil werden, das während der unmittelbaren Nachkriegszeit in Europa errichtet worden war. Sie haben massiv auf die Struktur des Binnenmarkts und der Währungsunion eingewirkt und dem sozialen Zusammenhalt der Europäischen Union Risse zugefügt.

1.2 Soziale Grundrechte deformiert

Inmitten der eingetretenen sozioökonomischen Großwetterlage – die Mittelmeerländer Griechenland, Spanien und Portugal waren gerade den Europäischen Gemeinschaften beigetreten – veröffentlichte die Europäische Kommission 1985 das Weißbuch zur Vollendung des Europäischen Binnenmarktes. Darin waren 300 Vorschläge aufgelistet, wie das Ziel, den europäischen Binnenmarkt bis Ende 1992 zu vollenden, erreicht werden könnte. Die Liberalisierung des grenzüberschreitenden Verkehrs von Waren, Dienstleistungen, Arbeitskräften und Kapital wurde als die »vier großen Freiheiten« proklamiert und sollte gigantische Vorteile bringen: Ersparnisse von 430 Milliarden DM, zusätzliches Wachstum, Preissenkungen, Entlastung öffentlicher Haushalte, eine positive Handelsbilanz und fast zwei Millionen neu geschaffene Arbeitsplätze. Zwar blieben die tatsächlichen Auswirkungen hinter solchen Verheißungen zurück, aber in Spanien und Portugal gab es einen beachtlichen Wirtschaftsaufschwung.

Zunächst bezogen sich die »großen Freiheiten« des Binnenmarkts in erster Linie auf Industriewaren. Doch der erweiterte Markt erzeugte eine Dynamik, den grenzüberschreitenden Wettbewerb auch auf Dienstleistungen und Arbeitskräfte auszudehnen. Der Europäische Rat hatte im Jahr 2000 das extrem ehrgeizige Ziel vorgegeben, »die Union zum wettbewerbsfähigsten und dynamischsten wissensbasierten Wirtschaftsraum in der Welt zu machen«. Der niederländische Politiker Frits Bolkestein sah darin den Auftrag, eine Dienstleistungsrichtlinie zu entwerfen, die alle »Dienstleistungen, die von einem in einem Mitgliedstaat niedergelassenen Dienstleistungserbringer angeboten werden«, umfassen sollte. Die Kommission vertrat den grundsätzlichen Vorrang dieser Richtlinie gegenüber allen anderen Richtlinien und Verordnungen. Auch sollte die Herkunftslandregel für sie gelten. Nach europaweiten Demonstrationen brachte das EU-Parlament über 200 Änderungsanträge ein, die zahlreiche Ausnahmen vorsahen, und das Wechselspiel zwischen Parlament, Kommission und Rat brachte weitere Änderungen und Kompromissformeln hervor.

Das wachsende Gewicht des Binnenmarkts, ohne dass dieser sozialrechtlich eingebettet wurde, hat die Balance zwischen den wirtschaftlichen Grundfreiheiten und den sozialen Grundrechten abhängig Beschäftigter verschoben. Zusätzlich verstärkt wurde diese Tendenz noch durch einige Grundsatzentscheidungen des Europäischen Gerichtshofs: Im »Cassis de Dijon«-Urteil bekräftigte er, dass Waren, die zum Beispiel in Italien legal produziert und vermarktet werden, auch in Deutschland verkauft werden dürfen. Ein weiteres Grundsatzurteil untersagte es schwedischen Gewerkschaftern, die Schule einer Kommune in Schweden zu blockieren, in der eine lettische Firma Renovierungsarbeiten durchführte, ihre Arbeiter jedoch nicht nach dem schwedischen Flächentarif entlohnte. Die Richter erklärten, die Blockade sei mit der europäischen Dienstleistungsfreiheit unvereinbar. Im Einklang mit einer Stellungnahme der Kommission urteilt der Gerichtshof demnächst darüber, ob die unternehmerische Mitbestimmung der Arbeitnehmer, die in Deutschland gilt, den freien Wettbewerb des Binnenmarkts verzerrt. Es ist nicht auszuschließen, dass den wirtschaftlichen Grundfreiheiten des Binnenmarkts ein Vorrang eingeräumt wird gegenüber den sozialen Grundrechten der abhängig Beschäftigten.

1.3 Fehlkonstruierte Währungsunion

Im Vertrag von Maastricht, der 1993 in Kraft trat, wurde vereinbart, bis spätestens 1999 die gemeinsame Währungsunion zu verwirklichen, die zunächst von elf Mitgliedsstaaten der Europäischen Union eingeführt wurde. Das Währungssystem hat zwei Konstruktionsfehler, die auf deutschen Druck hin zustande kamen. Es verfügt nämlich nur über zwei monetäre, isoliert verankerte Schlüsselgrößen:

Die Europäische Zentralbank ist verpflichtet, die Stabilität des Güterpreisniveaus zu gewährleisten. Dazu bedient sie sich eines einzigen Instruments, des gleichen Nominalzinsniveaus im gesamten Währungsraum. Wenn die Mitgliedsländer eine voneinander abweichende Inflations-, Beschäftigungs-, Wachstums- und Fiskalpolitik verfolgen, sind regionale Ungleichgewichte, nämlich Überschüsse beziehungsweise Defizite der Zahlungsbilanzen der Mitgliedsländer unvermeidlich. Die deutsche Wirtschaft beispielsweise erzielt seit Jahrzehnten strukturelle Exportüberschüsse, die entsprechende Defizite anderer europäischer Länder, die Hauptimporteure deutscher Güter sind, nach sich ziehen.

Die zweite Schlüsselgröße ist die Vorgabe, die öffentlichen Haushalte auszugleichen, indem die Höhe der jährlichen Neuverschuldung auf drei Prozent und das Volumen der Gesamtschulden auf 60 Prozent des Bruttoinlandsprodukts gedeckelt bleibt. Die regionalen Ungleichgewichte innerhalb des Währungsraums wurden politisch jedoch asymmetrisch bewertet. Während jene Länder, die Defizite der Leistungs- und Zahlungsbilanz aufweisen, öffentlich als »Defizitsünder« gebrandmarkt wurden, gelang es den Regierenden der angeblich erfolgreichen Länder, dass ihre nicht weniger problematischen Bilanzüberschüsse nicht beanstandet wurden.

1.4 Beispiellose Finanzkrise

Nachdem das internationale Finanzregime der Nachkriegszeit mit festen, jedoch anpassungsfähigen Wechselkursen aufgegeben worden war, bewegten sich die Devisenkurse relativ frei. Die USA entschieden sich zunächst für eine lockere Geldpolitik, änderten diesen Kurs 1981 dann aber drastisch. Weil daraufhin die Zinsen stiegen, gerieten zahlreiche Entwicklungsländer unter Druck – 40 von ihnen erklärten sich 1983 für zahlungsunfähig. Europäische Länder experimentierten mit einer »Währungsschlange«, die jedoch mehrmals spekulativen Attacken ausgesetzt war. Auf die globale Rezession nach dem Zusammenbruch des real existierenden Sozialismus reagierten die USA mit einer extrem expansiven Geldpolitik. Zugleich versprachen junge IT-Unternehmer, mit Hilfe einer technikbasierten »New Economy« ein inflationsfreies, stetiges Wachstum zu erzeugen. In der Folge kam es zu der so genannten Technologieblase, die im Jahr 2000 platzte. Zehn Jahre später explodierten die Vermögenspreise und die Börsenkurse von Neuem. Die öffentlichen Aufseher und Kontrolleure waren davon überzeugt, dass sie bloß das Güterpreisniveau aufmerksam beobachten müssten. Die Informationseffizienz der Aktienkurse und die Selbstheilungskräfte der monetären Sphäre seien immun gegen extreme Störungen, meinten sie. Und so bildete sich die verhängnisvolle Kette von US-Immobilienkrise, globaler Finanzkrise und öffentlicher Schuldenkrise. Manche fühlten sich an die Weltwirtschaftskrise der 1930er Jahre erinnert. Der Krise war ein Umbau des europäischen Finanzregimes, das stark von Kreditbeziehungen zwischen Banken und Großunternehmen bestimmt war, in ein angloamerikanisches, kapitalmarktorientiertes System vorausgegangen. Finanzakteure propagierten die Kapitalmärkte als fünfte Gewalt in der Demokratie. Um für das mobile Kapital attraktiv zu sein, müssten die Staaten ihre Steuer- und Sozialsysteme den Erwartungen der Finanzmärkte anpassen. Daraufhin wurden beispielsweise in Deutschland unter Gerhard Schröder die Agenda 2010 und die Hartz-Gesetze beschlossen. Der Sozialstaat mutierte in einen »aktivierenden Wettbewerbsstaat«: Von den Bedürftigen wurde erwartet, dass sie erst eine Vorleistung erbringen, bevor ihnen geholfen wird. Arbeitsverhältnisse wurden systematisch entregelt. Den Kernbelegschaften stehen nun Randgruppen, unfreiwillige Teilzeitarbeiter, Leiharbeitnehmer, prekär oder befristet Beschäftigte gegenüber. Die solidarischen Sicherungssysteme wurden deformiert, Höherverdienende dagegen als angebliche Leistungsträger steuerlich entlastet. Die Schere der Verteilung von Einkommen und Vermögen hat sich stark geöffnet. Unterbrochene Phasen der Erwerbsarbeit stabilisieren nun eine Armutsquote und machen Altersarmut unausweichlich. Die Gesellschaft ist durch politische Fehlentscheidungen polarisiert worden.

Als der Kern der Finanzkrise sich als Bankenkrise und insbesondere als Krise des Investmentbanking herausstellte, haben die Zentralbanken einen Strom an Liquidität fast zum Nulltarif in das Bankensystem fluten lassen. Zugleich konnten die Finanzakteure die Staaten dazu nötigen, ihre monetären Forderungen sowie die der Anteilseigner abzusichern, deren Verbindlichkeiten dagegen zu übernehmen und so die gesamte Bevölkerung in die Schuldenhaftung einzubeziehen. Mit Bürgschaften, Kapitalbeteiligungen und der Übernahme vergifteter Wertpapiere in öffentliche Banken haben die Staaten private Banken schnell, hastig und »alternativlos« gerettet. Die allgemeine Folge war eine explosive Verschuldung der Staaten. Den Banken gelang es in der Folgezeit, das eigene Versagen in eine Krise der Staatsverschuldung und insbesondere in eine Verschuldungskrise peripherer Staaten des europäischen Währungsraums umzudeuten. Diese waren zunehmend spekulativen Attacken institutioneller Finanzinvestoren ausgeliefert. In den Maastricht-Vertrag war 2002 eine so genannte »No-Bailout-Klausel« eingefügt worden, die besagt, dass in der Europäischen Union keine Gemeinschaftshaftung leistungsfähiger Staaten für die Schulden leistungsschwächerer Staaten zulässig ist. Kein Mitgliedsland sollte für die Verbindlichkeiten eines anderen haften müssen. Für die EU-Staaten sollte gelten, was für private Gläubiger und Schuldner auf den Finanzmärkten gilt.

So waren die Staaten der Eurozone mit einem verhängnisvollen Dilemma konfrontiert: Die Verursacher der Krise warfen ihren Rettern vor, sie hätten sich extrem verschuldet, seien aber nun nicht bereit, die Schulden zügig zurückzuzahlen, ihre Haushalte zu konsolidieren und die Ausgaben für öffentliche Güter und soziale Wohltaten zu kürzen. Die Finanzinvestoren trieben mit Hilfe global anerkannter Ratingagenturen einen Keil zwischen die Staaten der Eurozone, indem sie die Risikoprämien für die Staatsanleihen leistungsschwacher Länder erhöhten. Der Aufgabe, den Teufelskreis zwischen Banken- und Staatsschuldenkrise zu durchbrechen beziehungsweise den Konflikt zwischen privater Kapitalmacht und demokratisch legitimierten Regierungen zu lösen, war das europäische Krisenmanagement nicht gewachsen.

1.5 Asymmetrisches Krisenmanagement

Das europäische Krisenmanagement nach der Finanzkrise von 2009 erstreckt sich über zwei Phasen, deren Ausgang nach wie vor offen ist. Auf den wiederholten EU-Gipfeltreffen wurden unter der Beteiligung des IWF »Rettungsschirme« über besonders unter Druck geratene Mitgliedsländer aufgespannt, nämlich Griechenland, Irland, Portugal und Spanien. Diese Finanzhilfen entlasteten zum zweiten Mal die Gläubiger, Banken und Investoren. In zwölf Ländern sind Regierungen unter dem Druck von Finanzinvestoren ausgewechselt worden. 2010 wurde das erste Rettungspaket für Griechenland geschnürt, dessen öffentliche Verschuldung auf zwölf Prozent des Bruttoinlandsprodukts gestiegen war, zwei weitere folgten. Sie waren häufig zu knapp bemessen, unzureichend und zudem mit Auflagen verbunden, deren Wirkungen breite Bevölkerungsschichten einseitig belastet haben. Vor allem sind die Lebensperspektiven Jugendlicher eingeschnürt worden. In der Folge sind die gesellschaftlichen Risse zwischen und in den Mitgliedsländern breiter geworden.

Die politischen Entscheidungen dieser ersten Phase waren mit vier Fehlurteilen belastet. Erstens reagierten die EU-Staaten auf die hohe Verschuldung einiger Länder der Eurozone, indem sie systemisch verursachte Fehlentwicklungen einem einzelnen Staat aufbürdeten, in diesem Fall Griechenland. Die Führungseliten ahmten das biblische Sündenbockritual nach: Kollektive Vergehen werden auf ein einzelnes Land abgewälzt – ein Land, dessen Anteil an der Wirtschaftsleistung der EU im Jahr 2010 gerade einmal 1,8 Prozent betrug.

Zweitens richteten die EU-Staaten ihren Blick ausschließlich auf die Finanzwirtschaft. Folglich galt das Gläubiger-Schuldner-Verhältnis als einziges Kriterium, um die wirtschaftliche Schwäche eines Staates zu identifizieren. Die Krisenbewältigung war auf Spardiktate, Schuldenbremsen und die Einhaltung des Fiskalpaktes fixiert – dies sind Kampfinstrumente, welche die Verteilung zugunsten privater und zulasten öffentlicher Akteure verändern und das Potential haben, ganze Volkswirtschaften schrumpfen zu lassen. Sie treffen zuerst die unteren Bevölkerungsschichten und zersetzen schließlich die demokratische Verankerung eines Landes.

Drittens pochten die EU-Staaten darauf, die vertraglich vereinbarten Regeln strikt zu respektieren, obwohl diese unter ungleichen Bedingungen und nicht im wechselseitigen Einverständnis auf gleicher Augenhöhe ausgehandelt wurden und folglich ihre verpflichtende Bindung verloren hatten.

Viertens wurden alternative Lösungswege mehrfach tabuisiert, etwa eine geordnete Insolvenz, kombiniert mit einem Forderungsverzicht der Gläubiger und der Vernichtung aufgeblasener Vermögen, einer Umschuldung, einem Schuldenmoratorium und einem Schuldenerlass.

Die zweite Phase des Krisenmanagements setzte ein mit einem Befreiungsschlag des Präsidenten der EZB, Mario Draghi, der die Unsicherheit, ob die Eurozone bestehen bleibe, beendete und mit nur einem Satz mehr bewirkte als die wiederholten Rettungsversuche der Regierenden der letzten zwei Jahre: »Die EZB ist innerhalb ihres Mandats bereit zu tun, was immer nötig sein wird, um den Euro zu schützen.« Die drei Worte »whatever it takes« beruhigten die Finanzinvestoren und die Risikoprämien auf Staatsanleihen des europäischen Südens sanken drastisch. Europas Süden galt wieder als kreditwürdig. Anfang 2015 startete Mario

Draghi ein Programm monatlicher Ankäufe von 80 Milliarden Euro für Staatsanleihen und Anleihen privater Schuldner auf Sekundärmärkten, um ein Abrutschen der Eurozone in die Deflation zu verhindern. Das Programm wurde um neun Monate bis Ende 2017 verlängert, die monatlichen Ankäufe allerdings auf »nur« 60 Milliarden Euro reduziert.

Die von der Europäischen Zentralbank (EZB) verteidigte quantitative Lockerung der Geldpolitik ist umstritten: Ihre Gegner sehen darin eine verdeckte Staatsfinanzierung, die in den betroffenen Ländern die Refinanzierungskosten senke und damit deren Reformbereitschaft und Disziplinierung schwäche, die der Markt erzwingt. Die EZB greife mittelbar in die Fiskalpolitik ein und überschreite ihre Kompetenz, die auf die Geldpolitik beschränkt ist. Zudem hieß es, dass die Rettungsversuche der EZB realwirtschaftlich wirkungslos blieben, wenn sie nicht durch eine Wachstums- und Beschäftigungspolitik flankiert werden. Sie begünstige überwiegend Wohlhabende und fördere die Blasenbildung auf den Vermögensmärkten. Sollte ein Staat, dessen Anleihen die Zentralbank aufgekauft hat, zahlungsunfähig werden, müssten die Bürgerinnen und Bürger der übrigen Staaten dafür haften.

Diejenigen, die Mario Draghis Entscheidung zustimmen, sind dagegen überzeugt, dass dadurch die Preisstabilität gesichert werde und die sozialen Folgen der von Deutschland betriebenen Austeritätspolitik neutralisiert werden. Schließlich habe die Weltwirtschaftskrise der 1930er Jahre belegt, wie zerstörerisch eine Deflationsspirale sein kann. Bei sinkenden Preisen erhöhe sich die Schuldenlast, während Kaufentscheidungen aufgeschoben würden. In der gegenwärtigen Situation müssten die Kreditvergabe der Banken und in der Folge das Wirtschaftswachstum angeregt werden. Zudem könnten steigende Börsenkurse positive Vermögenseffekte auslösen.

Deutsche Ökonomen kritisieren die Geldpolitik der EZB heftig und sehen darin einen verdeckten Finanzausgleich, den die EZB quasi als Vorstufe einer Transferunion zwischen wohlhabenden und ärmeren Regionen der Europäischen Union leistet. Über die Saldenmechanik des Europäischen Zentralbankensystems leite sie nämlich die Überschüsse monetärer Forderungen, die sich wegen der Exportlastigkeit der deutschen Wirtschaft bei der Bundesbank ansammeln, in die Defizitländer als offiziell »kurzfristige« Kredite zurück – ohne parlamentarische Rückendeckung, jedoch mit stillschweigender Duldung des Europäischen Rats und der Kommission.

1.6 Verankerung der Finanzsphäre

Gehören Finanzkrisen zum Kapitalismus wie das Wasser zum Meer? Ist die Eurozone dem ständigen Risiko von Vermögensblasen und Bankenrettungen hilflos ausgeliefert? Der Chefermittler im US-amerikanischen Senat, der die Verantwortlichen der Finanzkrise aufspüren sollte, hatte 2009 einen ehemaligen Banker gefragt: »Raubt es Ihnen nicht den Schlaf, wenn Sie daran denken, was Sie angerichtet haben?« Dessen Antwort lautete: »Wir sind nicht verantwortlich, wirklich nicht. Sorry for that.« Sein Kollege stand ihm bei: »Die Finanzkrise ist wie ein Hurrikan. Du musst tanzen, solange die Musik spielt. Wenn sie aussetzt, hast du ein Problem.«

Sollten Finanzkrisen, deren destruktive Wirkungen die Realwirtschaft lähmen, ein Naturereignis sein, müsste es aufmerksame Zeitgenossen nachdenklich machen, dass es in der Nachkriegszeit über fast dreißig Jahre hinweg keine Finanzkrisen gegeben hat. Diese Einsicht sollte die politischen Entscheidungsträger dazu veranlassen, die europäische Währung nach dem Muster des Finanzregimes von Bretton Woods zu verankern.

Dazu sind drei monetäre Institutionen politisch zu festigen. Erstens sollte eine relativ unabhängige, aber demokratisch eingebundene Europäische Zentralbank gleichzeitig drei Ziele anstreben: die Stabilisierung des Güterpreisniveaus, der Vermögenspreisentwicklung und eines hohen Beschäftigungsgrads. Zudem übernimmt sie die Aufsicht über die systemrelevanten Banken. Um den Teufelskreis zwischen privater Kapitalmacht und öffentlicher Verschuldung zu durchbrechen, sollten sich die für das allgemeine Wohl Verantwortlichen fragen, ob die Staaten zur Finanzierung öffentlicher Güter überhaupt auf Kredite von Banken angewiesen sind, die private Profitinteressen verfolgen. Stattdessen könnte die Zentralbank den Staaten unter strengen Auflagen zinslose Kredite zur Verfügung stellen, die diese ausschließlich dazu verwenden, die Bereitstellung öffentlicher Güter zu finanzieren.

Zweitens sollte ein Europäischer Währungs- und Stabilitätsfonds die Funktion übernehmen, regionale Ungleichgewichte zwischen Mitgliedsländern, die Zahlungsbilanzdefizite aufweisen, und solchen, die Überschüsse erzeugen, auszugleichen. Den Defizitländern würden kurzfristige Kredite bereitgestellt, und die Überschussländer würden sanktioniert, bis sie die strukturellen Überschüsse abgebaut haben.

Drittens sollte die nicht transparente Vielzahl der vorhandenen Ausgleichsfonds in einer europäischen Entwicklungsbank zusammengeführt werden, die benachteiligten Mitgliedsländern und Regionen Finanzmittel zur Verfügung stellt, mit denen dort Investitionen in die öffentliche Infrastruktur getätigt und Wachstumsimpulse erzeugt werden. Den Internationalen Währungsfonds am europäischen Rettungsschirm zu beteiligen war von Anfang an umstritten. Nicht wegen dessen Vorbedingung, bei strukturellen Anpassungsmaßnahmen, die Griechenland auferlegt wurden, auf soziale Härten Rücksicht zu nehmen. Vielmehr wurde befürchtet, dass die USA, insbesondere die Walls Sreet, Druck auf europäische Entscheidungen ausüben könnte. Eine solche Fremdeinwirkung wäre für den Stabilitäts- und Wachstumsfonds eines autonomen Währungsraums unannehmbar, zumal dieser als ein Kreditgeber der letzten Instanz seine Operationen, etwa die Ausgabe von Euro-Anleihen, mit der Europäischen Zentralbank abzustimmen hat.

Banken und andere Finanzinstitute sollten so reguliert werden, dass die privatwirtschaftliche Gewinnerzielung in ein öffentliches Mandat eingebettet ist. Eine reibungslose Geldversorgung, das Vertrauen in die Geldwertstabilität und die Stabilität der monetären Sphäre überhaupt sind ein öffentliches Gut. Folglich sind die Finanzunternehmen, die Finanzakteure und die Finanzmärkte auf den Zweck hin auszurichten, dass der reale Wohlstand der Menschen gemehrt und die Lebensqualität der Weltbevölkerung, vor allem der Armen in der Welt, angehoben werden. Dieses Ziel verlangt mikro- und makromonetäre Umbauten. Deshalb sollten innovative Finanzdienste einem öffentlichen »Finanz-TÜV« unterworfen werden und erst dann zugelassen werden, wenn erwiesen ist, dass sie dem allgemeinen Wohl zumindest keinen Schaden zufügen.

2009 hatte man sich auf dem G20-Gipfel in London zum Ziel gesetzt, alle Finanzdienste, Finanzinstitute und Finanzplätze, insbesondere die Hedgefonds und den Derivatehandel, einer öffentlichen Aufsicht zu unterwerfen. Gegenwärtig ist die Europäische Union davon noch weit entfernt. Um den eigenen Ansprüchen gerecht zu werden, müssten tiefgreifende Reformen durchgesetzt werden, die etwa unterschiedliche Eigenkapitalquoten gemäß dem Finanzierungszweck verbindlich vorschreiben. Kredite, die der Finanzierung von (spekulativen) Finanzanlagen dienen, sind schärferen Haftungsregeln zu unterwerfen als Kredite für Realinvestitionen. Die Bilanzen sollten an einer vorsichtigen Rechnungslegung orientiert, spekulative Finanzgeschäfte sollten besteuert werden. Systemrelevante Banken sollten nicht durch Fusionen gestärkt, sondern zerlegt werden. Ein Trennbankensystem könnte reaktiviert werden. Oder alle privaten Finanzinstitute werden einem öffentlichen Mandat unterstellt, so dass sie zwar am privaten Gewinn orientiert, aber funktional darauf beschränkt bleiben, den Zahlungsverkehr zu organisieren, das Einlagengeschäft zu betreiben und reale Investitionen der Unternehmen zu finanzieren.

Die Spannungen zwischen dem deutschen Drängen auf eine monetäre und fiskalische Austerität und einer derzeit lockeren Geldpolitik der Europäischen Zentralbank erfordern ein realwirtschaftliches Gegengewicht. Von einem isolierten Finanz- und Wettbewerbskommissar ist dies nicht zu erwarten. Eine demokratisch legitimierte Wirtschaftsregierung ist noch in weiter Ferne. Realistisch ist vorerst wohl nur eine koordinierte Beschäftigungs-, Einkommens-, Sozial- und Finanzpolitik der Mitgliedsländer, die gleichzeitig ein umweltverträgliches Wirtschaftswachstum, eine faire Verteilung der Einkommen und Vermögen, einen hohen Beschäftigungsgrad, die Stabilität des Güterpreisniveaus und der Entwicklung der Vermögenspreise sowie ein außenwirtschaftliches Gleichgewicht anstreben. Nur so kann die Stabilisierung der Eurozone selbst zum Anker einer europäischen Wirtschafts-, Währungs- und Sozialunion werden.

2 Ohne Sozialunion keine EU

»Europa ist keine Sozialunion«, hat die deutsche Bundeskanzlerin während der Banken- und Schuldenkrise wiederholt behauptet. Hat sie recht? Nur wenn sie ausschließlich den Binnenmarkt und die Währungsunion im Blick hat. Denn je mehr die »vier Freiheiten« vorrangig oder gar ausschließlich der Marktsteuerung unterworfen werden, umso weniger können die regional ungleichen Lebensverhältnisse einander angenähert werden. Und nachdem sich Deutschland, das wirtschaftlich leistungsfähigste Land in Europa, bei den Verhandlungen zum Maastricht-Vertrag ausdrücklich und erfolgreich für die »Entsolidarisierungsklausel« eingesetzt hat, nach der kein EU-Mitgliedstaat für die Verbindlichkeiten eines anderen Mitgliedstaates haftet, wuchert ein Spaltpilz in der Eurozone, der den Zusammenhalt der Nationen und Regionen zersetzt. Mit einem verengten Blickwinkel sieht die Kanzlerin zutreffend, dass weder der Binnenmarkt noch die Währungsunion über einen wirksamen sozialen Anker verfügen. Aber die Kanzlerin irrt, sobald sie die zwei grundlegenden Verträge der Europäischen Union berücksichtigt, den Vertrag der Europäischen Union (EUV) und den Vertrag über die Arbeitsweise der Europäischen Union (AEUV). Sie enthalten nämlich unübersehbare Hinweise auf die soziale Union.

2.1 Die Europäischen Verträge

Wer sich die Mühe macht, diese Verträge sorgfältig zu lesen, entdeckt in ihnen sechs Elemente einer sozialpolitischen Ausrichtung.

(1) Wirtschaftlicher, sozialer und territorialer Zusammenhalt

In Artikel 3 des EU-Vertrags verpflichtet sich die Union, soziale Ausgrenzung und Diskriminierungen zu bekämpfen, sich für soziale Gerechtigkeit, die Gleichstellung von Frauen und Männern und die Solidarität zwischen den Generationen einzusetzen. »Sie fördert den wirtschaftlichen, sozialen und territorialen Zusammenhalt und die Solidarität zwischen den Mitgliedstaaten.« Artikel 174 des AEU-Vertrags entfaltet den räumlichen Aspekt der Solidarität. Die Union setzt sich zum Ziel, die Unterschiede im Entwicklungsstand der verschiedenen Regionen und den Rückstand der am stärksten benachteiligten Gebiete zu verringern.

(2) Struktur- und Anpassungsfonds

Die Union hat vier Strukturfonds und einen Anpassungsfonds eingerichtet, die dem sozial-räumlichen Zusammenhalt dienen. Der »Europäische Sozialfonds« ist in erster Linie darauf ausgerichtet, die Beschäftigungsmöglichkeiten, die beruflichen Fähigkeiten sowie die örtliche und berufliche Mobilität der Arbeitskräfte im Binnenmarkt zu verbessern. Der »Europäische Fonds für regionale Entwicklung« soll dazu beitragen, dass die rückständigen Gebiete an der Entwicklung und die traditionellen Industriegebiete an der strukturellen Anpassung beteiligt werden. Ein »Kohäsionsfonds« erleichtert die

Finanzierung von Vorhaben, die sich dem Schutz der Umwelt und dem Aufbau transeuropäischer Verkehrsnetze widmen. Der älteste Strukturfonds ist der »Europäische Ausrichtungs- und Garantiefonds für die Landwirtschaft«, der so genannte »Agrarfonds«. Er dient sektoralen Anpassungs- und regionalen Ausgleichszielen. Der jüngste Fonds ist der »Europäische Fonds für die Anpassung an die Globalisierung«. Er hilft einmalig, zeitlich begrenzt und individuell jenen Arbeitnehmern bei der Arbeitssuche, Berufsberatung, bedarfsgerechten Ausbildung und Umschulung, die infolge globaler Veränderungen ihren Arbeitsplatz verloren haben.

(3) Gemeinschaftscharta sozialer Grundrechte

Die »Europäische Sozialcharta« des Europarats ist Bestandteil des Vertrags über die Arbeitsweise der Europäischen Union geworden. In der frühen Fassung wurden 19 soziale Rechte benannt, darunter das Recht auf Arbeit und ein angemessenes Arbeitsentgelt, auf Berufsausbildung und soziale Sicherheit, auf freie Vereinigungen und Tarifverhandlungen sowie besondere Schutzrechte für Kinder, Jugendliche, Mütter und Familien. Die 1996 revidierte Fassung enthält zusätzliche, insgesamt 31 Rechte und Grundsätze, etwa das Recht auf eine Wohnung, den Kündigungsschutz, die Gleichstellung von Frauen und Männern, den besonderen Schutz älterer Menschen und den Schutz vor Armut und sozialer Ausgrenzung.

Der französische Politiker Jacques Delors hatte 1989 den Europäischen Rat gedrängt, vernehmbar zu erklären, dass er ein soziales Europa schaffen will. Daraufhin verabschiedeten die Staats- und Regierungschefs die »Unionscharta der sozialen Grundrechte der Arbeitnehmer«. Darin sind die Grundrechte der Sozialcharta aufgenommen und auf die besondere Situation der abhängig Beschäftigten zugeschnitten, etwa das Grundrecht der Freizügigkeit, auf menschengerechte Arbeitsbedingungen und die grenzüberschreitende Sicherung der Arbeitsumwelt. Die britische Regierung hat der Charta nicht zugestimmt.

(4) Sozialprotokoll und gemeinsame Zuständigkeit

Die Zuständigkeit für die Sozialpolitik liegt zwar nach wie vor bei den Mitgliedstaaten. Aber mit dem Vertrag von Maastricht sollten erweiterte Zuständigkeiten auf die Ebene der Gemeinschaft verlagert werden, um eine vertiefte sozialpolitische Integration vertraglich zu verankern. Weil Großbritannien das Vorhaben ablehnte, wurde dem Vertrag ein Protokoll über die Sozialpolitik und ein Abkommen von elf Mitgliedstaaten beigefügt. Ein paar Jahre später wurde das Sozialprotokoll in beide Verträge eingefügt.

Das »Protokoll über die Sozialpolitik« ist ein erster Beleg für die entstehende Dualität der Institutionen und Verfahren der EU, die von der deutschen Kanzlerin später als Zusammenspiel von Unions- und Gemeinschaftsmethode bezeichnet wird. Elf Mitgliedstaaten bedienen sich der Organe, Verfahren und Mechanismen der EU-Verträge, um sozialpolitische Vereinbarungen zu treffen – mit Ausnahme des Arbeitsentgelts sowie des Koalitions-, Streik- und Aussperrungsrechts. Dazu erwarten sie die Unterstützung der Union. Indem Union und Mitgliedstaaten für die Ziele und Maßnahmen der Sozialpolitik gemeinsam zuständig werden, erfolgt eine gleitende Europäisierung nationaler Sozialpolitik. Dazu muss allerdings geklärt werden, wann das allgemeine oder besondere Gesetzgebungsverfahren gilt und wann der Ministerrat mit qualifizierter Mehrheit oder einstimmig zu entscheiden hat.

(5) Kooperatives Sozialmodell

Der »Europäische Soziale Dialog« der EU-Organe mit den Gewerkschaften und privaten oder öffentlichen Arbeitgebern gehört zum korporativen Profil der Europäischen Union. Zweimal jährlich kommen auf dem »Europäischen Sozialgipfel«, im Vorfeld der Tagung des Europäischen Rates, der Europäische Gewerkschaftsbund, Vertreter der privaten und öffentlichen Arbeitgeberverbände und die Präsidenten von Kommission, Ministerrat und Europäischem Rat einschließlich der Regierungschefs der Mitgliedsländer und deren Arbeits- und Sozialminister zusammen. Ein zweigliedriger sozialer Dialog kann, wenn die beteiligten Sozialpartner dies wünschen, in vertragliche Beziehungen auf EU-Ebene übergehen und zum Abschluss von Vereinbarungen führen.

Der »Europäische Wirtschafts- und Sozialausschuss« soll Gewerkschaften und Arbeitgeberverbände sowie relevante Personen des wirtschaftlichen und sozialen Lebens in den Gesetzgebungsprozess der EU einbeziehen. Ohne den Wirtschafts- und Sozialausschuss zu hören, können Kommission und Rat weder sozial-, beschäftigungs- und gesundheitspolitische Beschlüsse fassen noch solche, die sich auf den wirtschaftlichen und sozialen Zusammenhalt beziehen. Vergleichbare Anhörungsrechte haben die Ausschüsse der Regionen und für Sozialschutz.

(6) Verbindliche Richtlinien

Die sozialpolitische Zuständigkeit der Union für Formen der Beteiligung und Mitbestimmung unterliegt einem starken Gefälle. Diese sind relativ weit entwickelt und finanziell abgesichert, wenn es um die Lage der benachteiligten Regionen und Mitgliedstaaten geht. Vergleichbar weit ist die Mitbestimmung entfaltet, wenn es sich um soziale Grundrechte abhängig Beschäftigter handelt. Sie markieren eine gesellschaftliche Schranke nahe den Grundfreiheiten der Arbeitnehmer, damit deren Arbeitsvermögen nicht restlos der kommerziellen Logik des Binnenmarktes ausgeliefert ist.

So können der Rat und das Parlament auf Vorschlag der Kommission nach Anhörung der Wirtschafts- und Sozialausschüsse, verbindliche Richtlinien im Bereich des Arbeitsrechts erlassen. Sie müssen in das nationale Arbeits- und Sozialrecht umgesetzt werden. Dazu zählen beispielsweise die Richtlinie zum Gesundheitsschutz, die Gleichstellungsrichtlinie, die gleichen Lohn für gleiche Arbeit verlangt, die Antidiskriminierungsrichtlinie und die Entsenderichtlinie, die bestimmt, dass die Arbeitsbedingungen des Ziellandes für die Arbeitsüberlassung von EU-Staatsbürgern ausschlaggebend sind.

Die Behauptung der Bundeskanzlerin, »Europa ist keine Sozialunion«, trifft also in dieser kategorischen Form nicht zu. Die Verträge enthalten zahlreiche sozialpolitische Erklärungen und zugleich ist ein wachsender Anspruch der Union auf sozialpolitische Einflussnahme erkennbar. Bislang lassen sich daraus allerdings keine sozialen Grundrechte ableiten, die durch einzelne Bürger oder Gruppen auch eingeklagt werden könnten. Die grundsätzliche und vorrangige Zuständigkeit der Mitgliedstaaten in Bezug auf die Sozial- und Arbeitsmarktpolitik wird nicht infrage gestellt.

2.2 Was ist Solidarität?

Das Bekenntnis der Union, »die Solidarität zwischen den Mitgliedstaaten« zu fördern, bleibt eine leere Formel, wenn in den Verträgen nicht präzisiert wird, was unter Solidarität zu verstehen ist. Die Verträge übernehmen das Zauberwort, das die politischen Debatten füllt und in keinem Programm einer Partei fehlt. Was also ist mit dieser Solidarität gemeint? Im Folgenden soll eine Präzisierung versucht werden.

(1) Fehldeutungen

»Wie solidarisch muss Deutschland sein?« Diese Frage stellte Anne Will zu Beginn einer Talkrunde im August 2013. Die Gesprächspartner gaben zur Antwort, dass Solidarität keine Einbahnstraße sei und dass wettbewerbsschwache Länder der Eurozone erst einmal ihre Hausaufgaben machen müssten. In solchen Antworten stecken bereits zwei Fehldeutungen der Solidarität. Die erste versucht, die Solidarität dem Markt nachzubilden, als würden zwei Partner auf gleicher Augenhöhe verhandeln. Und die zweite unterstellt, der schwächere Partner müsse erst eine Vorleistung erbringen, bevor der Stärkere eigene Ressourcen zugunsten des Schwächeren mobilisiert. Wenn im Folgenden von Solidarität gesprochen wird, geht es nicht in erster Linie um die Tugend des Mitleids, die konkrete Zuwendung einer barmherzigen Samariterin oder die Spendenbereitschaft der Bevölkerung, die bei fernen Erdbeben oder Überschwemmungen spontan geweckt wird.

(2) Präzisierung

Solidarität ist eine gesellschaftliche Steuerungsform, die das Handeln von Individuen aufeinander abstimmt – wie in der Partnerschaft die Liebe oder Leidenschaft, in der Wirtschaft die Zahlungsfähigkeit, in der politischen Sphäre die Macht und in der Wissenschaft die Wahrheit. Die Steuerungsform der Solidarität regelt den rechtsverbindlichen Ausgleich gesellschaftlicher Risiken oder Interessen, von denen Individuen oder Gruppen ungleich betroffen sind.

Zu den Merkmalen der Solidarität als Steuerungsform zählt eine gemeinsame Grundlage. Für sie gibt es zwar objektive Anhaltspunkte, aber sie ist eine gesellschaftliche Option, sowohl empfunden als auch bewusst gewählt. Eine solche Grundlage können die Klasse, das Geschlecht, eine gemeinsame Abstammung, Sprache, Religion oder ein kollektiv erlittenes Schicksal sein. Trotz solcher gemeinsamen Grundlagen sind auf nationaler Ebene die großen Lebensrisiken, etwa der Altersarmut, Krankheit und Pflegebedürftigkeit, und auf transnationaler Ebene die sozioökonomischen Lebensverhältnisse ungleich verteilt. Die Verfassung und internationale Verträge versuchen diesen Umstand zu mildern, indem sie gegenseitige Rechte und Pflichten des Interessenausgleichs (rechts)verbindlich festlegen. Die gemeinsame Grundlage gewährleistet, dass auf die unterschiedlichen Lebensrisiken mit unterschiedlichen Rechten und Pflichten reagiert wird, und zwar in einer asymmetrischen Gegenseitigkeit: Beiträge werden gemäß der Leistungsfähigkeit entrichtet, Hilfeansprüche gemäß dem akuten Bedarf erfüllt.

(3) Solidarität und Markt

Im Gegensatz zum Markt, der ein entgrenztes und anonymes System darstellt und auf dem Prinzip einer strengen Gegenseitigkeit – Leistung und Gegenleistung – beruht, regelt die Steuerungsform der Solidarität den Interessenausgleich innerhalb einer relativ geschlossenen Gruppe. Sie ist exklusiv und profiliert sich häufig in der Abgrenzung zu Außenstehenden. Solidarisch verbundene Individuen und Gruppen knüpfen ihre Leistung nicht an die Erwartung einer direkten und unmittelbaren Gegenleistung, sondern an einen Erwartungshorizont, der weit in die Zukunft hineinreicht. Folglich unterliegt das Urteil über den »Schatten der Zukunft«, nämlich deren Unsicherheit, einer stark subjektiven Bewertung des gesellschaftlichen Risikos, dem die Individuen ausgesetzt sind.

(4) Ortswechsel

Solidarität wird mitunter das »Andere der Gerechtigkeit« genannt. Worin soll das »Andere« gesehen werden? Nach »Gerechtigkeit« wird in einer Welt, die von Ungleichheit, Polarisierung und Spaltung bestimmt ist, gerufen, damit die Mitglieder einer Gesellschaft sich wechselseitig und allgemein das gleiche Recht zugestehen, als Gleiche anerkannt und behandelt zu werden. »Solidarität« besteht in der radikalen Parteinahme für diejenigen, die von der Gesellschaft ausgegrenzt oder gar ausgeschlossen sind, im Respekt vor dem anderen als unvertretbar Einzelnen – im Unterschied zum Respekt gemäß dem Standpunkt der Allgemeinheit und Unparteilichkeit vor dem anderen als gleichberechtigtem Mitglied einer egalitären Gesellschaft.

Das »Andere«, das in der Solidarität aufscheint, wird darin gesehen, dass der besondere Blick auf die weniger Begünstigten und auf die letzten Plätze gerichtet ist. Sich hineinversetzen in das Leiden des Anderen, nicht im Blut des Fremden stehen – darin mag das »Geheimnis« der Solidarität liegen: dass die weniger Schwachen für die Schwächeren, die weniger Armen für die Ärmeren und die seltener Kranken für die häufiger Kranken einstehen. Die ungleiche Verteilung der Lebensrisiken regt dazu an, das Verhältnis der Rechte und Pflichten nicht aus der Perspektive von oben nach unten, beispielsweise von den wirtschaftlich leistungsstarken Deutschen zu den leistungsschwächeren Griechen zu definieren, sondern umgekehrt von denen aus, die darunter leiden, dass sie benachteiligt, ausgegrenzt und ausgeschlossen sind.

In einer globalisierten Welt wächst die Solidarität über nationale und kontinentale Grenzen hinaus. In der Familie erscheint Solidarität als selbstverständlich und wird fraglos geleistet. Ebenso gelingt sie relativ leicht in lokalen und regionalen Verhältnissen. Innerhalb einer Nation braucht es Zeit, bis sich ein Bewusstsein auf Grund erlebter Geschichte oder gemeinsamer Interessen gebildet hat. Erst recht fremdeln Menschen, wenn supranationale oder internationale Solidarität eingefordert wird. Dass die gesamte Menschheit zunehmend in eine Solidargemeinschaft hineinwächst, ist dem wachsenden ökologischen Bewusstsein und der Einsicht geschuldet, dass alle Menschen relativ unterschiedslos Bewohner eines gemeinsamen Hauses, des blauen Planeten Erde sind, der ihnen den Raum zu leben bietet.

2.3 Europäische Solidarität

Die Dynamik einer leistungsfähigen Wirtschaft beruht auf einer elastischen Geldversorgung, dem Einsatz hochentwickelter Technik und qualifizierten Belegschaften und Managern, die über eine hohe Arbeitsproduktivität verfügen. Während des Industriezeitalters rückten Produktionsstätten dorthin, wo materielle Ressourcen lagerten oder kombiniert werden konnten. Seitdem der Anteil der Dienstleistungen an der Wertschöpfung anstieg, dehnten sich Städte und Metropolen an Flussmündungen, Kreuzungen von Handelsstraßen oder Drehkreuzen von Fluglinien aus. Einen zusätzlichen Schub erreichte die räumliche Konzentration, als die Informations- und Kommunikationsdichte zu einem einzigartigen Standortvorteil städtischer und regionaler Ballungszentren wurde. Seitdem ringen die Flächenstaaten mit dem Problem, wie sie die Polarisierung der Lebenschancen ihrer Zentren und ihrer Peripherien bewältigen sollen.

(1) Föderaler Finanzausgleich

Nur wenige Mitgliedsländer der Europäischen Union sind ethnisch homogene Staaten. Deshalb hat die Mehrheit unter ihnen eine föderale Verfassung. Die Bundesrepublik Deutschland beispielsweise ist gemäß Artikel 20 (1) GG »ein demokratischer und sozialer Bundesstaat«. Die staatlichen Funktionen werden sowohl von souveränen Ländern als auch vom Bund ausgeübt. Eine solche Arbeitsteilung entschärft das Spannungsverhältnis zwischen territorialer Einheit und regional-kultureller Vielfalt. Die föderale Solidarität ist das strukturelle Gegengewicht zum ungebremsten Sog der Metropolen und der Entleerung peripherer Landschaften.

Deshalb wird dem Bund in bestimmten Bereichen eine Gesetzgebungskompetenz zugewiesen, »wenn und soweit die Herstellung gleichwertiger Lebensverhältnisse im Bundesgebiet oder die Wahrung der Rechts- oder Wirtschaftseinheit im gesamtstaatlichen Interesse eine bundesgesetzliche Regelung erforderlich macht«. Gleichwertige Lebensverhältnisse im Bundesgebiet herzustellen markiert die räumliche Dimension des Sozialstaatsgebots. Die Lebenschancen in den Teilräumen sollen in Bezug auf die allgemeine Daseinsvorsorge, wirtschaftliche Einbindung, gesellschaftliche Beteiligung und einen angemessenen Lebensstandard konvergieren, nicht auseinanderfallen.

Der föderale Finanzausgleich hat in Deutschland eine horizontale und vertikale Dimension. Die Finanzkraft der Länder ist sehr unterschiedlich und hat sich im Zeitablauf verschoben. Deshalb sind die finanziellen Deckungsbedürfnisse des Bundes und der Länder gemäß der Verfassung »so aufeinander abzustimmen, dass ein billiger Ausgleich erzielt, eine Überbelastung der Steuerpflichtigen vermieden und die Einheitlichkeit der Lebensverhältnisse im Bundesgebiet gewahrt wird«. Neben diesem horizontalen Finanzausgleich kann der Bund leistungsschwachen Ländern Ergänzungszahlungen leisten, um ihren allgemeinen Finanzbedarf zu decken.

(2) Wettbewerbsföderalismus

Der marktradikale Aberglaube, dass es für öffentliche Verwaltungen vorteilhaft sei, sich der segensreichen Steuerung des Wettbewerbs und des Marktes zu unterwerfen, hat auch die Logik der föderalen Solidarität erodieren lassen. Länder und Regionen sahen sich in der Rolle profitorientierter Akteure, die sich isoliert und eigenwillig qualifizierte Arbeitskräfte und rentable Finanzinvestoren gegenseitig abjagten. Der solidarische Gestaltungsföderalismus entartete zum Wettbewerbsföderalismus. Die wirtschaftlich starken Länder meinten, dass sie ihren Erfolg ausschließlich den Talenten und dem Einsatz der eigenen Landsleute zu verdanken hätten und vergaßen dabei leicht den Beitrag derer, die von jenseits der Landesgrenze zu ihnen einpendelten. Bayern und Hessen klagten schließlich sogar beim Bundesverfassungsgericht, da sie ihre fleißig erwirtschafteten Finanzmittel nicht länger an »verschwenderische« Länder abgeben wollten. Ihnen wurde gar unterstellt, sie hätten versucht, Personal bei der Steuerfahndung zu entlassen, um nicht höhere Steuereinnahmen zu erzielen und beim Finanzausgleich der Länder stärker zur Kasse gebeten zu werden.

Ohne die Trophäe der »schwarzen Null« des deutschen Finanzministers und den Mythos der Schuldenbremse wäre der Konflikt um den Finanzausgleich nicht so hartnäckig geführt worden. Warum dieser Mythos die Köpfe der politischen Klasse in Deutschland derart gefesselt hält, ist ein seltsames Rätsel. Es wird eröffnet mit den Kampfformeln »Kriegszustand zwischen den Generationen«, »Zechprellerei zu Lasten unserer Kinder« und »schleichende Enteignung der nachwachsenden Generation«. Doch mit dem Begriff der Generation ist weder die Generation der Trümmerfrauen noch die der Flakhelfer noch die Generation Y gemeint, sondern jeweils aufsummierte Jahrgangsklassen. Daran anschlussfähig wird über den »demographischen Wandel« geklagt, womit das Verhältnis zwischen der Menge der Erwerbstätigen und der Menge der Rentenbezieher gemeint ist, das sich wegen der geringen Geburtenrate und der höheren Lebenserwartung im Zeitablauf verschiebt. Dabei stolpern die Rechner in den Fehlschluss, dass sie meinen, die biologische Zusammensetzung der Bevölkerung entscheide darüber, ob die solidarischen umlagebasierten Sicherungssysteme finanzierbar sind oder nicht. Entscheidend sind dagegen der Grad der Beschäftigung, die Arbeitsproduktivität und die kaufkräftige Nachfrage. Somit ist eine umlagefinanzierte solidarische Sicherung allemal einer scheinbar kapitalgedeckten privaten Vorsorge vorzuziehen.

Das mythische Rätsel wird schließlich durch die traditionelle Finanztheorie aufgelöst, dass gegenwärtige Investitionen, die auch folgenden Generationen Vorteile bieten, durch Kreditaufnahmen finanziert werden können. Deshalb sollten der nachwachsenden Jugend schuldenfinanzierte Arbeitsgelegenheiten geboten werden, statt sie mit schwarzen Nullen in die Arbeitslosigkeit zu treiben. Die angebliche Gerechtigkeit zwischen den Generationen wird zur Gerechtigkeit innerhalb derselben Generation.

Der Streit um eine Reform des deutschen Finanzausgleichs, der sich bei einem Steueraufkommen des Bundes, der Länder und Gemeinden von insgesamt 640 Milliarden Euro lediglich auf 1,25 Milliarden Euro bezog, zeigt überraschende Parallelen zur Erosion der Solidarität in der EU, welche die vertraglich zugesagten Hilfen für benachteiligte Regionen offenbar nicht berührt. Die Dublin-III-Verordnung, für die Deutschland eine erhebliche Verantwortung trägt, war eine schwerwiegende Verletzung europäischer Solidarität. Dass diese Wunde, die den Grenzstaaten zugefügt wurde, trotz der Geldzahlungen weiter schwelt, sollte die deutsche Kanzlerin nicht wundern. Der als Zeichen der Solidarität verlangten Aufnahme von Geflüchteten gemäß einer festen Quote verweigert sich die Mehrheit der Visegrad-Gruppe Polen, Ungarn, Tschechien und Slowakei mit der Zauberformel einer »flexiblen Solidarität«. Der slowakische Ministerpräsident Robert Fico hat nach der Tagung in Bratislava offen gegen den Beschluss des Ministerrats protestiert und seine Klage beim Europäischen Gerichtshof (EuGH) aufrechterhalten.

In Deutschland wurde Ende 2016 eine Einigung über den Finanzausgleich erzielt. Der Bund sagte allen Ländern höhere Zahlungen zu und stärkt damit den vertikalen Finanzausgleich. Zuwendungen für besonders leistungsschwache Länder sollen weiter angehoben und zudem auf die Finanzkraft der Gemeinden abgestimmt werden. Im Gegenzug haben die Länder Kompetenzen an den Bund übertragen, für die sie vorher verantwortlich waren. Dass der horizontale Finanzausgleich abgeschwächt und der vertikale Finanzausgleich in Deutschland erheblich gestärkt sind, schmeckt nach zentralstaatlicher Tendenz und einem Abbau föderaler Souveränität, entspricht aber der Situation in der EU, in der es einen horizontalen Finanzausgleich fast nicht gibt. Umso mehr sind wirksame, eher vertikale Ausdrucksformen europäischer Solidarität erkennbar: Die Finanzierung der fünf Ausgleichs- und Strukturfonds fließt beispielsweise aus dem zentralen Haushalt der Union. Die aus dem deutschen Finanzministerium gestreuten Gerüchte, die Griechenland einen temporären Austritt aus der Eurozone nahelegten, konnten die deutsche Kanzlerin und die Präsidenten der Union eindämmen. Der EZB wird, wie bereits erwähnt, gestattet, über die Saldenmechanik des europäischen Zentralbankensystems einen heimlichen Solidaritätsbeitrag an die krisenanfälligen Südländer zu leisten. Ein versteckter Ausdruck europäischer Solidarität ist auch jener Konsens, auf den sich die Mitgliedstaaten im Europäischen Rat 2012 nach 22 Gipfeltreffen, die sich mit Griechenland befassten, einigten: Man kam zu dem Schluss, dass die Staatsschuldenkrise systemisch verursacht sei und nicht einem einzelnen Land angelastet werden könne. Auch Jean-Claude Junckers Kritik an der obsessiv verteidigten schwarzen Null und das von der Kommission aufgelegte 300-Milliarden-Euro-Programm zur Bekämpfung der Jugendarbeitslosigkeit in der EU lassen sich als Solidaritätsbeitrag begreifen.

3 »Wir schaffen das!«

»Deutschland ist ein starkes Land. Das Motiv, mit dem wir an diese Dinge herangehen, muss sein: Wir haben so vieles geschafft – wir schaffen das.« Welches wolkige »Wir« hatte die Bundeskanzlerin in der Euphorie ihrer eigenen »tiefen Überzeugung« im Blick? Die zahlreichen Bürgerinnen und Bürger, die mit einem spontan erklärten »Willkommen« bereit waren, Frauen, Kinder und Männer, die vor kriegerischer Gewalt nach Europa geflüchtet waren, in Deutschland aufzunehmen? Oder die Bürgermeister in den Städten, die sich um die notwendige Infrastruktur kümmerten? Oder die Innenminister, die der drohende Kontrollverlust der Sicherheit und Ordnung nervös werden ließ? Vom Ende her gedacht, hat sie mit dieser Ansage einen vertikalen Riss zwischen den staatlichen Organen und der zivilen Gesellschaft sowie einen horizontalen Riss zwischen den europäischen Mitgliedsländern erzeugt.

Der Klang freundlicher Worte war nach etwa einem Jahr kaum mehr zu hören. Zwei Landtagswahlen waren für die CDU-Vorsitzende verlustreich verlaufen. Einen Tag vor der Wahl zum Berliner Abgeordnetenhaus, mit einem für die CDU desaströsen Ergebnis, ging Angela Merkel in einem Interview, das ein Sonderheft der Wirtschaftswoche vom 26. September 2016 abdruckte, behutsam zu dem »Wir schaffen das« auf Abstand. »Manchmal denke ich aber auch, dass dieser Satz etwas überhöht wird. So viel, dass ich ihn am liebsten kaum noch wiederholen mag, ist er doch zu einer Art schlichtem Motto, fast zu einer Leerformel geworden.« Sie werde diesen Satz nun nicht wie eine Phrase jeden Tag immer wieder vor sich hertragen. Wenn sie könnte, würde sie die Zeit um viele Jahre zurückspulen. Denn niemand wolle, dass sich die Situation wiederholt, die dazu geführt hat, dass wir sie eine Zeit lang nicht ausreichend unter Kontrolle hatten, wurde die »Flüchtlingskanzlerin« zitiert. Was hat ihre Kehrtwende verursacht? Was ist im Umgang mit den Geflüchteten in Deutschland und in Europa schiefgelaufen?

3.1 Verkehrte Weichenstellung

Die Berliner Mauer war gerade vor sieben Monaten gefallen, als die zwölf EU-Mitgliedsländer das Dublin-Übereinkommen, einen völkerrechtlichen Vertrag, der 1997 in Kraft trat, unterzeichneten. Darin wurden halbwegs übersichtlich die Kriterien für die Zuständigkeiten bei Asylanträgen festgelegt. Grundsätzlich sollte allein der Mitgliedsstaat den Asylantrag annehmen und prüfen, in den der Asylbewerber zuerst eingereist war oder in dem er zuerst einen Asylantrag gestellt hatte. 2003 wurde das Übereinkommen dann von der Dublin-Verordnung abgelöst, durch die der Grundsatz der Familienzusammenführung bei der Prüfung eines Asylantrags ein höheres Gewicht erhielt. Bausteine einer gemeinsamen Asylpolitik wurden gesammelt, etwa die EU-Mitgliedsländer als sichere Staaten zu erklären, einen reibungslosen Informationsaustausch zu etablieren und Fingerabdrücke lückenlos zu erfassen.

Die Suche nach einer klaren und praktikablen Formel, um die Zuständigkeiten abzugrenzen, sollte auch nach der Dublin-II-Verordnung von 2013 fortgesetzt werden und mündete schließlich in der Dublin-III-Verordnung, in der beachtliche Grundsätze eines europäischen Asylsystems festgeschrieben sind. Sie beruft sich auf die Charta der Grundrechte der EU, deren Bestandteil die Genfer Flüchtlingskonvention ist, auf die Selbstverpflichtung der Mitgliedsländer, den Schutzbedürftigen einen Raum der Achtung und Solidarität zu bieten sowie Familienangehörige zusammenzuführen. Sie respektiert das Recht eines jeden Mitgliedstaates, in Härtefällen und aus humanitären Gründen Einzelfälle selbst in einem persönlichen Gespräch zu prüfen und das Asylverfahren einzuleiten. Ein europäisches Unterstützungsbüro soll den zuständigen Mitgliedstaaten, deren Asylsysteme durch die Fluchtbewegungen besonders unter Druck geraten sind, bei der Aufnahme und Unterbringung solidarische Hilfe leisten. Zudem waren in der ersten Dekade des neuen Jahrhunderts drei Richtlinien zur gemeinsamen Asylpolitik beschlossen worden. Sie haben Mindestnormen für die Anerkennung von Asylbewerbern und für das Asylverfahren sowie die Rechte der anerkannten Geflüchteten und subsidiär Schutzberechtigten definiert und auch soziale Standards ihrer Aufnahme, Unterbringung und Versorgung festgelegt.

Warum sind die Absichten und Weisungen des europäischen Asylsystems so oft gebrochen worden? Die Weichen des Dublin-Übereinkommens und der Dublin-III-Verordnung sind falsch und unfair gestellt und belasten unverhältnismäßig die europäischen Südstaaten: Griechenland, Malta, Italien und Spanien sowie die Staaten der West- und Ostbalkanroute – eben jene Staaten, deren Hoheitsgebiet von Flüchtlingen im Normalfall als Erstes betreten wird. Zudem kann jedes Mitgliedsland die Personen, deren Anträge auf internationalen Schutz abgelehnt wurden, in einen Mitgliedstaat oder als sicher erklärten Drittstaat abschieben. Deutschland hingegen, das von europäischen Mitgliedstaaten umgeben ist, bleibt nach dem Dublinregime von Asylanträgen weithin verschont. Der deutschen Regierung ist vorzuwerfen, dass auf ihren Druck hin eine Zuständigkeitsregel festgeschrieben wurde, die den größeren Teil der Geflüchteten von Deutschland fernhält, und dass Deutschland sich erfolgreich für das Recht eingesetzt hat, sichere Herkunftsländer und sichere Drittstaaten definieren zu können. Folglich ist die Bundesregierung ganz wesentlich dafür mitverantwortlich, dass die wirtschaftlich leistungsfähigen Staaten im Norden und in der Mitte sich geweigert haben, einem Solidaritätsmechanismus zugunsten der Südstaaten zuzustimmen, also der Länder, die wirtschaftlich schwächer und regional exponierter mit den Fluchtbewegungen konfrontiert sind. Deutschland hat dazu beigetragen, dass die Dublin-III-Verordnung scheiterte und die Rechte Geflüchteter auf internationalen Schutz verletzt wurden.

3.2 Verweigertes Asyl

Artikel 16, Absatz 2, Satz 2 GG lautete von 1949 bis 1993: »Politisch verfolgte genießen Asylrecht.« Die Bundesrepublik Deutschland war nach dem Zweiten Weltkrieg der einzige Staat, der sich selbst verpflichtete, ein individuell einklagbares Recht auf Asyl zu gewähren, und zwar ohne Unterschied und Einschränkung. Dies war ein Ausdruck der Dankbarkeit gegenüber den Ländern, die bereit waren, die vor dem Naziregime Geflüchteten aufzunehmen, aber auch eine Reaktion auf die rechtliche und faktische Unsicherheit in den Aufnahmeländern, die von der jeweiligen politischen Situation abhing.

Zwei Ereignisse scheinen einander zu entsprechen: Je mehr politisch Verfolgte um Asyl bitten, umso stärker wird in der Bevölkerung die Abwehrhaltung. Als in Deutschland 1976–1980 die Zahl der Asylsuchenden kontinuierlich anstieg, richteten die politisch Verantwortlichen zur Abschreckung Sammelunterkünfte ein, kürzten Sozialleistungen und änderten in kurzen Abständen das Asylverfahrensrecht. Gerichte spielten mit und legten den Begriff der politischen Verfolgung restriktiv als staatliche Verfolgung aus. Als nach dem Fall der Berliner Mauer die Zahl der Asylsuchenden stetig anstieg und 1992 mit knapp 440 000 Personen einen Höhepunkt erreichte, wurde der Ruf, das Grundgesetz zu ändern, immer lauter. Menschen und Parteien, die sich dagegen aussprachen, wurden diffamiert.

Im Dezember 1992 einigten sich die Koalitions- und Oppositionsparteien auf den so genannten Asylkompromiss und verabschiedeten Artikel 16a des Grundgesetzes, in dem das Recht auf Asyl für jene nicht gilt, die aus einem Mitgliedstaat der Europäischen Gemeinschaft oder aus einem anderen sicheren Drittstaat einreisen. Der Kern der Neuregelung des Asylrechts besteht in der Drittstaatenregelung: Personen, die aus einem sicheren Herkunftsstaat oder sicheren Drittstaat kommen, von dem die deutschen Behörden vermuten, dass dort weder politische Verfolgung noch eine unmenschliche oder erniedrigende Behandlung stattfindet, und in der Bundesrepublik einen Asylantrag stellen, werden in der Regel zurückgewiesen. Das Asylrecht ist de facto also auf diejenigen beschränkt, die von einem Krisengebiet auf dem Luft- oder Wasserweg direkt den Boden der Bundesrepublik betreten. Ist eine solche Schlussfolgerung übertrieben? Sie wird relativiert, indem eine Abschiebung daran scheitern kann, dass abgelehnte Asylbewerber keine gültigen Identitätspapiere vorweisen können, nicht auffindbar sind, das Kirchenasyl wählen oder dass keine Transportmöglichkeiten vorhanden sind. Zudem existieren neben dem deutschen Asylrecht die Anerkennung als Flüchtling nach der Genfer Konvention, das Abschiebeverbot und der subsidiäre Schutz. Dennoch ist der Artikel 16a GG nicht mehr ein »Leuchtfeuer in der deutschen Verfassung«, sondern zum Asylverweigerungsrecht mutiert.

3.3 Vertikaler Riss

Die deutsche Bundeskanzlerin hat zweifellos eine historische Entscheidung getroffen, als sie den menschlich unerträglichen Stau der Geflüchteten an der Grenze zu Ungarn oder im Budapester Bahnhof auflöste. Der ungarische Präsident hatte angekündigt, die Dublin-III-Verordnung zu suspendieren, nachdem die Geflüchteten sich zwar in Ungarn als Asylbewerber hatten registrieren lassen, aber unverzüglich in Richtung Österreich und Deutschland aufbrachen. Der freundliche Empfang, den die Deutschen den Geflüchteten an der Grenze und auf den bayrischen Bahnhöfen boten, würde das ganze Land erheblich verändern. Es ging – wohl anders, als es Roman Herzog 20 Jahre vorher verlangt hatte – ein »Ruck durch Deutschland«. Nur trieb er die Handelnden in zwei Richtungen auseinander.

Die zivile Gesellschaft, Bürgerinitiativen, kirchliche Kreise, spontane Gruppierungen und Kommunen haben das freundliche Gesicht Angela Merkels millionenfach gespiegelt. Sie haben die Geflüchteten bei ihrer Ankunft im Namen der weltweit zur Ikone stilisierten Kanzlerin willkommen geheißen, sie mit Getränken, Brot, Obst und anderen Nahrungsmitteln versorgt. Die Kinder wurden mit Babynahrung, Kuscheltieren und Kettcars beschenkt. Keller wurden leer geräumt, in denen Kinderstühle und Kinderwägen seit Jahrzehnten für die Enkel aufbewahrt blieben und verstaubten. Nachbarschaftshilfen entstanden, deren Mitglieder die Geflüchteten zu den Aufnahmestellen und Ämtern begleiteten und sie mit den öffentlichen Verkehrsmitteln vertraut machten. Kontakte wurden geknüpft, Fremde lernten sich näher kennen, hörten aufmerksam zu, wenn die Geflüchteten ihre Lebens- und Fluchtgeschichte erzählten, erschlossen ihnen den Nahbereich des ihnen noch fremden Milieus. Sie besuchten die notdürftig in Flugzeughallen, alten Kasernen, Turnhallen und Containern Untergebrachten. Diese herzliche Bereitschaft ehrenamtlich engagierter Deutscher und hier lebender Ausländer, den noch Fremden eine menschliche Atmosphäre und eine Art Heimat zu erschließen, ist bis heute nicht verlorengegangen.

Die Regierenden zeigen im Gegensatz zu den freundlichen Gesten der Zivilgesellschaft den Geflüchteten überwiegend ein finsteres Gesicht. Es soll abschrecken und vor dem vermuteten Asylmissbrauch warnen. Erst nachdem das Bundesverfassungsgericht 2012 die Grundleistungen des Asylbewerberleistungsgesetzes als »evident unzureichend« verurteilte und eine sofortige Novellierung verlangte, wurden die Sozialleistungen auf das vergleichbare Niveau der Sozialhilfe für Einheimische angehoben. Aber bereits 2015 versuchte die Regierung, die erregt aufflammende öffentliche Debatte mit einem Gesetz einzudämmen, das die Asylverfahren beschleunigen und schnellere Abschiebungen in die drei Balkanstaaten ermöglichen sollte, die zu dem Zweck als sichere Herkunftsländer eingestuft wurden. Gleichzeitig entdeckte der Innenminister in Afghanistan »sichere Regionen«. Die Residenzpflicht Asylsuchender wurde verschärft und die Abschiebung kranker Menschen erleichtert. Von Neuem wurden Sozialleistungen für Asylsuchende gekürzt. Selbst das Integrationsgesetz enthält neben positiven Anregungen zur Berufsausbildung einschränkende Wohnsitzauflagen, verringerte Sozialleistungen und Angebote, die den früheren Hartz-IV-Sanktionen nachgebildet sind, beispielsweise Ein-Euro-Jobs.

3.4 Heldenhaft feige

Die Bundeskanzlerin ist weltweit und wiederholt dafür gelobt worden, wie einfühlsam sie am 5. September auf die Fluchtbewegungen des Jahres 2015 reagiert hat. Es war wohl eine heldenhafte Entscheidung. Oder war sie nur scheinbar heldenhaft? Zumindest war sie höchst ambivalent.

Sie hat einsam und isoliert entschieden, ohne dass die betroffenen europäischen Mitgliedsländer – ausgenommen der österreichische Kanzler Faymann und indirekt der ungarische Ministerpräsident – daran beteiligt waren. Offiziell informiert waren Außenminister Steinmeier und Vizekanzler Gabriel. Weder der Deutsche Bundestag noch die Bundesländer und Kommunen waren einbezogen, welche die Hauptlast der Aufnahme würden zu tragen haben. Vielleicht erschien deren Beteiligung verzichtbar. Dennoch war das Alleinbleiben der Kanzlerin in der komplizierten Architektur des europäischen Hauses ziemlich fahrlässig.

Sehr spät hat die Kanzlerin eingestanden, sie habe sich nicht vorstellen können, dass die Dublin-III-Verordnung derart anfällig sei, die europäische Solidarität auszuhebeln. Dass die deutsche Regierung nicht hat ahnen können, für das Privileg des eigenen Landes, das ausschließlich von Mitgliedsländern umgeben ist und von dem Druck verschont bleibt, der auf den südlichen Randstaaten lastet, einen Preis zahlen zu müssen, ist nicht nachvollziehbar.

Die Ressortkompetenz für den Umgang mit den Geflüchteten bleibt, wie nicht anders zu erwarten, dem Innenminister zugeordnet, dessen Amt vor allem der Abwehr von Gefahren für die öffentliche Sicherheit und Ordnung dient. Dass er sich darüber hinaus noch eine Kompetenz aneignet, die Aufnahme, Unterbringung und Versorgung der Geflüchteten einfühlsam zu gestalten, kann nicht einfach vorausgesetzt werden. Es ist eher damit zu rechnen, dass er die ihm obliegende Sorge für die Geflüchteten mit dem professionellen Eifer für Sicherheit und Ordnung in Deutschland vermengt, diesen sogar überzieht und dominant werden lässt. Im ungünstigen Fall reagiert er auf singuläre Ausbrüche von Gewalt mit dem Ruf, restriktiver mit den Flüchtlingen umzugehen. Sein programmatisches Werben für eine Abschiebehaft so genannter Gefährder(innen) und für einen starken Staat, der die föderale Zersplitterung aufhebt, bestätigt, wie entfesseltes Ressortinteresse wuchern kann. Es wuchert krebsartig in einer Komplizenschaft mit dem Justizminister über die Schranken des Rechtsstaates hinaus, wenn darauf gedrängt wird, Träger von Grundrechten schon auf nebelhaften Verdacht hin und vor jeder Straftat zu »fesseln«. Nach Meinungsunterschieden und Abstimmungsmängeln zwischen Kanzleramt und Innenministerium hat die Kanzlerin sich mit der Richtlinienkompetenz begnügt, aber einen Koordinator an ihre Seite geholt. Hoffentlich ist dies gut für die Geflüchteten und ihre Rechte. Auf den Anschlag in Berlin kündigte sie schnelle Konsequenzen, gar eine nationale Kraftanstrengung an, »wirklich Flagge zu zeigen«. Vielleicht ist es wirksamer, die »Kriegsflagge« eingerollt zu lassen und intensiv jene Fehlentscheidungen zu analysieren, die den Sicherheitskräften unterlaufen sind, sowie den vorhandenen Spielraum bestehender Gesetze auszuschöpfen. Ob die Neigung der Kanzlerin, Bestandteile der Richtlinienkompetenz bei den Ressortministern auszulagern, vom Ende her gedacht ist?

Die Kanzlerin hat die Kooperationsbereitschaft der Mitgliedsländer beim Umgang mit den Geflüchteten falsch eingeschätzt. Wie konnte das passieren? Es war doch nicht zu erwarten, dass die Mitgliedsländer es honorieren werden, wenn Deutschland sich im Dublin-III-System weigert, einen Solidaritätsbeitrag aufzubringen, der seiner wirtschaftlichen Leistungsfähigkeit und dem Bedarf der südlichen Grenzstaaten entspricht. Umso unwirklicher klang der wiederholte Aufruf der Kanzlerin, nur eine solidarische Vorgehensweise der europäischen Staaten könne die Herausforderung bewältigen, welche die Geflüchteten für die Union darstellen. Sie warb intensiv für fünf Optionen, die sie wie ein Mantra vor sich hertrug: erstens keine Obergrenzen für die Aufnahme der Schutzsuchenden markieren, zweitens die Binnengrenzen der Union offen halten, drittens die Außengrenzen wirksam sichern, viertens einen fairen Verteilungsschlüssel vereinbaren, damit die Geflüchteten verhältnismäßig und solidarisch den Mitgliedsländern zugewiesen werden, und fünftens die Fluchtursachen bekämpfen. Aber ihr einsames Rufen verhallte ohne wahrnehmbare Resonanz.

3.5 Blutige Grenzen

Samuel Huntington hat vor Jahren die Hypothese vertreten, dass der Islam blutige Grenzen habe. Die Europäische Union hat blutige Grenzen. 2016 ist die bisherige Höchstzahl eines Jahres von etwa 5000 im Mittelmeer Ertrunkenen registriert worden. Hat Papst Franziskus recht, wenn er urteilt: »Diese Wirtschaft tötet« – eine Wirtschaft, die ausschließt, dem Geld ein religiöse Weihe verleiht, soziale Ungleichheit erzeugt und in gewaltsame Konflikte mündet?

Im Februar 2016 hatte Österreich zu einer Konferenz der Westbalkan-Staaten Bulgarien, Kosovo, Kroatien, Slowenien, Albanien, Bosnien-Herzegowina, Mazedonien, Montenegro und Serbien einberufen – ohne Deutschland und Griechenland. Die Teilnehmenden wollten das Vorgehen in der Flüchtlingsfrage aufeinander abstimmen. Verständlicherweise wurde die Veranstaltung von denen, die nicht eingeladen waren, als unfreundliche Aktion beurteilt; Griechenland zog seine Botschafterin aus Wien zurück. Doch die Konferenzteilnehmer rechtfertigten sich damit, dass weder eine gesamteuropäische Verteilung der Geflüchteten absehbar sei, noch das völlig überforderte Griechenland wirksam entlastet werde. Deshalb seien nationale wie regionale Problemlösungen erforderlich, die mit den betroffenen Staaten abgestimmt werden. Diese Konferenz hatte eine Vorgeschichte und beachtliche Folgen.

Die Vorgeschichte: Bereits 2013 hatte die Agentur »Frontex« (Europäische Agentur für die operative Zusammenarbeit an den Außengrenzen der Mitgliedstaaten der EU) zu einer Westbalkan-Konferenz nach Wien eingeladen, um die Fluchtbewegungen zu bewältigen, die sich während des Arabischen Frühlings von Libyen nach Griechenland hin und während des Syrien-Konflikts vom Ostbalkan zum Westbalkan hin verlagert hatten. Dieses Treffen wurde im folgenden Jahr wiederholt. Daraufhin empfing die deutsche Regierung die Balkanstaaten in Berlin, um einige ihrer Erwartungen an die EU zu dämpfen. Gleichzeitig sollte gegenüber Russland das Interesse der EU an der Region signalisiert werden. Im August 2015 fand dann in Wien eine Westbalkan-Folgekonferenz statt. Ungarn war gerade dabei, einen Grenzzaun gegenüber Serbien zu bauen. Im Innern wurde Polizei gegen Flüchtlinge eingesetzt, die sich nicht registrieren ließen. Um die gesamte Balkanroute herum breitete sich ein humanitärer Notstand aus. Unweit von Wien wurde ein LKW mit 70 toten Geflüchteten aufgefunden. Aber ein EU-Gipfel, der sich im Oktober 2015 mit der östlichen Mittelmeer- und der Westbalkanroute befasste, kam über Absichtserklärungen nicht hinaus. Inzwischen gab es bereits Zäune an der ungarisch-serbischen, der ungarisch-kroatischen, der slowenisch-kroatischen und an der griechisch-mazedonischen Grenze. Und Österreich hatte eine Obergrenze von etwas mehr als monatlich 3000 Geflüchteten festgelegt.

Die Folgewirkungen: Unmittelbar nach der Wiener Westbalkan-Konferenz im Februar 2016 hatten auch Slowenien, Mazedonien, Serbien und Kroatien Obergrenzen für die Einreise oder für den Transit festgelegt. Daraufhin stauten sich die Geflüchteten konzentriert in Griechenland. Dessen Aufnahmefähigkeit stieß längst an Grenzen. Aber war die Westbalkanroute wirklich abgeriegelt? Eine neue Route führt von Griechenland über Bulgarien und Serbien nach Ungarn. Wer über Geld verfügte, konnte Schlepperdienste in Anspruch nehmen. Diese wissen, wo der Zaun Löcher hat und wann die Wachposten ihre Pausenzeiten haben. So halten sich Tausende von Geflüchteten diesseits der Zäune auf. Die deutsche Kanzlerin indessen beharrte auf ihrer Überzeugung: »Es kann nicht sein, dass irgendetwas geschlossen wird.«

Am 24. September 2016 lud der österreichische Kanzler Kern erneut zum Flüchtlingsgipfel nach Wien ein – diesmal unter Einschluss des Ratspräsidenten Tusk, der Kanzlerin Merkel und des griechischen Ministerpräsidenten Tsipras. Auffallend war die Veränderung der Sprache: Man redete nicht mehr von Flüchtlingen, sondern von Migranten. Gemeint waren jene Menschen, die illegal das Hoheitsgebiet eines Mitgliedstaates betreten und sich dabei der Hilfe von Schleppern bedienen. Die elf Teilnehmer-Staaten »ratifizierten« den eigenmächtigen Entschluss Ungarns und anderer Balkanländer, ihre Grenzen zu schließen. Donald Tusk erklärte: »Wir müssen praktisch und politisch sicherstellen, dass die westliche Balkanroute für illegale Migranten für immer geschlossen ist.« Die deutsche Kanzlerin monierte, dass die Balkanroute zwar als geschlossen gelte, aber seit Februar 50000 Asylbewerber auf diesem Weg illegal nach Deutschland gelangt seien. »Unser Ziel muss ein, die illegale Migration so weit wie möglich zu stoppen.« Als vorrangiges Ziel einer gemeinsamen Flüchtlingspolitik wurde deshalb ein umfassender Schutz der Außengrenzen der EU vereinbart. Dazu sollten die Ressourcen von »Frontex« erheblich aufgestockt werden. Drei Ländern wurde schnelle Hilfe zugesagt, um die griechisch-mazedonischen, die bulgarisch-türkischen und die serbisch-ungarischen Grenzbefestigungen zu verstärken. Um Menschen ohne Aussicht auf Asyl in die Herkunftsländer zurückschicken zu können, sollen Abkommen mit Afghanistan, Pakistan, Ägypten, Niger, Mali, Senegal und den nordafrikanischen Staaten eilig vorangetrieben werden. Der ungarische Ministerpräsident schlug vor, eine Million illegal Eingewanderte in bewachten Abfanglagern außerhalb der EU festzuhalten. Über feste Verteilungsquoten der Geflüchteten wurde nicht gesprochen. Die Slowakei und Ungarn beharrten auf ihrer Klage vor dem EuGH gegen feste Quoten. Die deutsche Kanzlerin sicherte Griechenland und Italien zu, aus beiden Ländern monatlich 500 Personen mit Bleiberecht aufzunehmen. Die Kehrtwende der österreichischen Regierung und der deutschen Kanzlerin waren damit unverkennbar markiert – als Vorgabe für die EU und um die politische Szene in ihren Ländern zu bedienen.

Diese Kehrtwende der EU im Umgang mit Geflüchteten, die internationalen Schutz oder Asyl suchen, ist beschämend, moralisch verwerflich und rechtswidrig. Die Mitgliedsländer prüfen nicht mehr ernsthaft in einem individuellen Verfahren und persönlichen Gespräch, ob der Anspruch der Geflüchteten auf Asyl berechtigt ist. Einzelne Mitgliedsländer senken den Standard des Umgangs mit den Geflüchteten auf das Niveau ab, das innerhalb der EU konsensfähig ist. Die wirtschaftlich starken Mitgliedstaaten verweigern weiterhin die ihnen zumutbare Solidarität mit den besonders belasteten Grenzstaaten. Trotz der Hilfezusagen sind Tausende Geflüchtete in den Zelten an der serbisch-ungarischen Grenze und in den dreifach überbelegten Lagern auf den griechischen Inseln der Winterkälte in Europa ausgeliefert. Die EU wälzt die Verantwortung für die Sicherung der Außengrenzen und die Rettung der auf hoher See Schutz Suchenden auf eigenständige Agenturen ab, denen öffentliche Aufgaben vertraglich übertragen werden.

Die beauftragten Agenturen haben widersprüchliche Aufträge zu erfüllen. Einerseits sollen sie illegale Migranten von den Außengrenzen der EU fernhalten. Andererseits sind sie verpflichtet, Geflüchtete, die auf hoher See in Not geraten, zu retten und in europäische sichere Häfen zu bringen. »Frontex« soll die EU seit 2004 vor illegaler Migration schützen. Die Agentur stattet die Grenzschützer mit Nachtsichtgeräten, Flugzeugen, Hubschraubern, Schnellbooten und elektronischen Drahtzäunen in Nordafrika und an der griechisch-türkischen Grenze aus. Sie beteiligt sich an gemeinsamen Einsätzen entlang der EU-Küste, auf hoher See und in der Nähe der türkischen Küste. Ihr wurde vorgeworfen, dass sie Geflüchtete auf ihren Booten in die Türkei zurückdränge, ohne ihnen die Möglichkeit zu bieten, einen Asylantrag zu stellen. Daraufhin hat das EU-Parlament der Agentur eine solche Praxis untersagt und sie dazu verpflichtet, Flüchtlinge aus Seenot zu retten. »Eurosur« ist seit Ende 2013 das Grenzüberwachungssystem der EU, bei dem Drohnen, Aufklärungsgeräte, Offshore-Sensoren, hochauflösende Kameras und Satellitensuchsysteme eingesetzt werden, um Geflüchtete auf hoher See in Echtzeit zu orten und dann retten zu können. »Mare Nostrum« war eine Operation der italienischen Marine und Küstenwache mit dem Ziel, die zumeist aus afrikanischen Ländern Geflüchteten zu retten, die in Seenot geraten waren. Im Herbst 2013 waren nämlich binnen weniger Tage 400 Flüchtlinge im Mittelmeer ertrunken. Da die EU sich nur symbolisch an den Kosten beteiligte, hat Italien diese Initiative nach einem Jahr beendet. Ihr folgte das von der EU geschaffene materiell und personell großzügig ausgestattete Grenzüberwachungsprogramm »Triton« unter der Regie von Frontex. Dessen Auftrag besteht zuerst darin, die EU-Grenze zu sichern, die Komponente der Seenotrettung ist nachrangig. Seit Juli 2015 bewegt sich die Europäische Union auf einem riskanten Terrain: Sie verfolgt mit der als Grenzsicherung getarnten multinationalen militärischen Operation »Sophia« den Zweck, im südlichen zentralen Mittelmeer Schleppernetze zu zerschlagen, die Täter vor Gericht zu stellen und ihre Vermögenswerte zu beschlagnahmen. Nur nebenbei gehört zu dieser Mission die Seenotrettung von Migranten. Allerdings ist deren Auftrag inzwischen erweitert: Der Aufbau einer libyschen Küstenwache soll unterstützt und das Waffenembargo der Vereinten Nationen gegen Libyen überwacht werden. Indem die Agenturen europäische Grenzen hermetisch abriegeln und Schleppernetze zerschlagen, erhöhen sie für die Geflüchteten das Risiko, dass diese beim Versuch, in die EU zu gelangen, ihr Leben verlieren.

3.6 Europas Mauer

Der US-amerikanische Präsident droht dem Nachbarland Mexiko den Bau einer Mauer an. Europa hat bereits eine Mauer, eine Mauer aus Wasser: das Mittelmeer – das »Mare Monstrum«, ein Wassergrab für Tausende ertrunkener Frauen, Kinder und Männer. Diese Mauer ist nicht dicht, sie hat Löcher. Die Westroute des Mittelmeers ist längst geschlossen, Frontex, Nato-Schiffe und die türkische Küstenwache sperren das ägäische Meer, aber 2016 sind auf der zentralen Mittelmeerroute noch 181 000 Geflüchtete aus Seenot gerettet und in italienischen Hafenstädten aufgenommen worden. Um die Lücke in der Mauer zu schließen, trafen sich die Regierenden der EU Anfang Februar 2016 zu einem Sondergipfel in Valletta auf Malta. Die deutsche Kanzlerin weiß, wie sie sich die Geflüchteten vom Hals schafft – nicht mit brutaler Gewalt, nein, man müsse nur »genauso vorgehen, wie wir es auch im Zusammenhang mit der Türkei gemacht haben«, nämlich verhandeln und bezahlen, um andere die schmutzige Arbeit erledigen zu lassen. So vereinbarten die Staats- und Regierungschefs einen »Zehn-Punkte-Plan der EU zur Eindämmung der Migration«. Sie beabsichtigen, die libysche Küstenwache so schnell wie möglich auszubilden und auszurüsten, die Schleuserbanden auszuschalten, lokale libysche Gemeinschaften zur Aufnahme von Geflüchteten zu ermutigen, sichere Aufnahmeeinrichtungen aufzubauen, die Migranten zur freiwilligen Rückkehr in ihre Heimatländer zu bewegen, über die Gefahren illegaler Migration aufzuklären, die Grenzen zu den libyschen Nachbarländern wirksamer zu kontrollieren, mögliche Alternativrouten zu überwachen, bilaterale Abkommen, die positive Entwicklungen in Libyen anstoßen, zu unterstützen und mit den Nachbarstaaten Libyens enger zu kooperieren, um Schutzbedürftige dorthin zurückschicken zu können.

Einen Tag vor dem EU-Gipfel in Valletta hat Italien musterhaft eine bilaterale Vereinbarung mit der libyschen Regierung getroffen und fünf Zusagen ausgehandelt, um die illegale Migration nach Norden kooperativ einzudämmen. Italien will zuerst die Sicherheits- und Militäreinrichtungen in Libyen unterstützen. Zudem will es die Wachstumsprogramme in den Regionen finanzieren, die von irregulärer Einwanderung betroffen sind. Die anerkannte Regierung erhält technische Militärhilfe und Hilfen beim Aufbau der Grenz- und Küstenwache. Die vom libyschen Innenministerium kontrollierten Flüchtlingslager finanziert die EU. Es soll sichergestellt werden, dass die Herkunftsländer 300 000 Migranten, die in Libyen eine Überfahrt nach Europa erwarten, zurücknehmen.

Selbst wenn den Absichtserklärungen der EU keine politischen Taten folgen, weil deren reale Voraussetzungen nicht vorhanden sind, klingen sie zynisch für die 300 000 Geflüchteten, die in Libyen auf Überfahrt nach Europa warten. Eine Migrationspartnerschaft: »Abwehr Geflüchteter gegen Eurozahlungen« zwischen der EU und afrikanischen Partnern, die unter extrem ungleichen Bedingungen zustande kommt, hat den Geschmack europäischer Regierungskriminalität. Merkels Vergleich dieser neuen, auf afrikanische Staaten bezogenen Migrationsstrategie mit der Türkei hinkt. Zwar hat Ministerpräsident Erdogan eine zentrale Machtposition an sich gerissen, aber ob auf den griechischen Inseln die Asylanträge individuell geprüft werden, ob eine Berufung gesichert ist – und das alles innerhalb einer Woche, bevor Frontex die Abgelehnten auf die Schiffe bringt und in die Türkei zurückschiebt –, wie diese von der türkischen Bevölkerung aufgenommen werden, ob die für sie vorgesehenen Abfanglager überhaupt vorhanden sind oder ob die Syrer wie die Afghanen, Iraker und Pakistani von der Türkei in die Heimatländer abgeschoben werden, scheint die Kanzlerin wenig zu interessieren, wenn nur die Abschiebung, legal oder illegal, geschafft ist.

Libyen ist nicht die Türkei. In dem Land herrscht Bürgerkrieg, seitdem völkerrechtswidrige Luftattacken der Briten und Franzosen Muammar al-Gaddafi gestellt und Milizen ihn in Sirte gefoltert und hingerichtet hatten. Mit wem will die EU in Libyen kooperieren? Eine Zentralmacht gibt es nicht, das Land zerfällt in Machtblöcke, die von Milizen und Warlords kontrolliert sind. Die Regierung der Nationalen Einheit hat ihren Sitz in Tripolis und kontrolliert den Westen des Landes. Es gelingt ihr nicht, die volle Unterstützung des 2014 gewählten Parlaments zu gewinnen, das in Tobruk nahe der ägyptischen Grenze residiert. Ihr fehlen die Einnahmen, um den ihr unterstellten Milizen den Sold zu bezahlen. Um Sirte kontrolliert eine Miliz des »Islamischen Staates« einen Küstenstreifen. Im Süden herrschen die Tuareg. Mit dem Chef der libyschen Armee, der die wichtigsten Ölquellen und Ölhäfen kontrolliert, scheinen Russland und Ägypten zu sympathisieren.

Was die EU einschließlich der deutschen Kanzlerin in Libyen anstrebt, »Illegalität unterbinden, Schmugglern und Schleppern das Handwerk legen und die Situation der Flüchtlinge verbessern«, kann weder durch mehrere Millionen Euro noch durch politischen Druck erreicht werden. Es soll wohl in erster Linie das heimische Wahlvolk beeindrucken. Das Land selbst ist überfordert. Es hat nicht einmal die Genfer Flüchtlingskonvention unterschrieben. Weil es im Land zu gefährlich ist, findet die Grundausbildung in Kreta statt, die europäische Kollegen jungen Afrikanern bieten, die in der libyschen Küstenwache Dienst tun sollen. Andere Initiativen, die den Staat stabilisieren sollen, werden von Tunesien aus gestartet. Im Land sind Geflüchtete anarchischen Zuständen, Kompetenzchaos, willkürlicher Gewalt, Zwangsarbeit, Folter und Erpressung ausgesetzt. Die Lager unter der Regie des Innenministers, die mit den Konzentrationslagern der Nazis verglichen werden, seien völlig überfüllt, die Versorgung mit Nahrungsmitteln mangelhaft, ansteckende Krankheiten grassieren. Noch schlimmer seien die Abfanglager, die von Milizen betrieben werden. Das Wachpersonal steht mit Menschenschmugglern in Verbindung, Milizsoldaten, denen der Sold vorenthalten wird, versuchen Geflüchtete zu erpressen oder sie als Sklaven an Bauunternehmer zu verkaufen. Dass die Herkunftsländer mit dem Geld der EU geneigt sein könnten, die Geflüchteten wieder aufzunehmen, bleibt ein Märchen aus Tausendundeiner Nacht.

3.7 Auf Augenhöhe?

Der während des Sondergipfels in Valletta angestrebten Migrationspartnerschaft der EU mit afrikanischen Staaten gemäß der Formel »Migration abfangen und Euros empfangen« folgte nur wenige Tage später ein Treffen von 32 Vertretern der Europäischen Union und 34 Vertretern der Afrikanischen Union (AU). Bereits im November 2015 hatte die EU versucht, mit mehreren afrikanischen Staaten einen »Valletta-Prozess« anzustoßen und die an dem Treffen Beteiligten als Unterstützer im Grenzschutz zu gewinnen. Damals wurde ein EU-Nothilfefonds für Afrika von 1,8 Milliarden Euro zugesagt. Brüsseler Beamte hatten anschließend aus dem auf 2,5 Milliarden aufgestockten Fonds Finanzhilfen an Eritrea, Senegal, Sudan, Libyen und Niger verteilt. Daraufhin hatten Marokko, Senegal und Niger angefangen, die Migrationskorridore stärker zu kontrollieren. Allerdings haben sich die Routen nach Osten verschoben, um der nigerianischen Armee auszuweichen.

Während des Treffens in Valletta im Februar 2016 zeigte sich, dass die Erwartungen der EU und der afrikanischen Staaten nicht übereinstimmten. Die EU drängt darauf, dass sich die Zahl der Geflüchteten, die nun vorwiegend »illegale Migranten« genannt werden, spürbar verringert, und will, dass die afrikanischen Staaten bei der Abschiebung stärker kooperieren. Allgemeine Rahmenabkommen hätten bisher nur vier Staaten, Niger, Nigeria, Senegal und Mali, zugesagt, wurde moniert, jedoch keine Rückführungsabkommen. Der Sekretär der Afrikanischen Union beklagte sich darüber, dass die EU die Afrikanische Union an der Verteilung der Finanzhilfen nicht beteiligt habe. Einige Vertreter der AU warfen der EU vor, dass sie Zusagen zur Entwicklungshilfe an die Fluchtabwehr kopple und afrikanische Interessen übergehe. Man könne nicht Afrika helfen wollen und die Hälfte der Staaten nicht einladen. Ägypten und Tunesien erwarten von der EU, dass sie legale Wege für afrikanische Arbeitsmigranten und Schutzsuchende öffne. Mehrere afrikanische Vertreter wiederholten ihre Ablehnung, Abschiebepapiere anzuerkennen, die von EU-Staaten selbst und nicht von den Botschaften der Herkunftsstaaten ausgestellt seien. Die Vertreterin des ostafrikanischen Staatenverbunds nannte das EU-Türkei-Abkommen ein sehr schlechtes Vorbild für die Kooperation der EU mit den afrikanischen Staaten. Sie erinnerte daran, dass allein Ostafrika derzeit neun Millionen

Flüchtlinge beherberge, »und wir beschweren uns auch nicht die ganze Zeit«. In Uganda sei die Zahl der Flüchtlinge aus Südsudan auf über eine Million angestiegen. »In manchen Gegenden des Landes ist das Verhältnis von Flüchtlingen zu Einwohnern eins zu eins und hat Uganda die halbe Welt zum Krisengipfel eingeladen? Nein.«

Die öffentlichen Debatten um die Transatlantische Handels- und Investitionspartnerschaft (TTIP) und das Umfassende Wirtschafts- und Handelsabkommen (CETA) haben vergessen lassen, dass bilaterale Freihandelsabkommen, die außenstehende Dritte benachteiligen, nur die zweitbeste Lösung im Vergleich zu einer funktionierenden Welthandelsorganisation (WHO) sind, die alle Länder der Erde einschließt. Die WHO gestattete es der EU nicht, die 71 ehemaligen Kolonien in Afrika, in der Karibik und im Pazifik beim Handel selektiv günstiger zu stellen. Daraufhin plante die EU mit fünf Ländergruppen bilaterale Partnerschaftsabkommen. Sie sind asymmetrisch konstruiert: Die afrikanischen Länder dürfen Einfuhrzölle von 86 Prozent erheben, erhalten jedoch freien Zugang zum EU-Binnenmarkt. 2014 wurde ein Abkommen mit 15 Staaten der Westafrikanischen Wirtschaftsgemeinschaft und Mauretanien paraphiert und mit Mitgliedern der Ostafrikanischen Gemeinschaft unterzeichnet. Ein Partnerschaftsabkommen mit sechs Ländern des südlichen Afrika wurde Ende 2016 vorläufig angewendet. Solche Abkommen sind zu tolerieren, solange sie auf gleicher Augenhöhe vereinbart werden. Aber dies ist genauso wenig der Fall wie bei den Migrationspartnerschaften. Die Agrarsubventionen machen mehr als ein Viertel des EU-Haushalts aus. Die subventionierte landwirtschaftliche Überproduktion wird auf dem Weltmarkt abgeladen. So landen auf den Märkten südlich der Sahara, etwa im Senegal oder in Mali, Milchprodukte, Hühnerschenkel und Nestlé-Milchpulver aus der EU, Olivenöl aus Italien und Tomatenmark aus Italien. Sie verdrängen heimische Güter und rauben denen, die sie herstellen, ihre Lebensgrundlage. Umgekehrt können afrikanische Bauern mit den in der EU üblichen Produktstandards nicht konkurrieren. Deshalb kommen solche Partnerschaftsabkommen wie die Migrationspartnerschaften nicht auf gleicher Augenhöhe zustande. Sie sind Ausdruck einer imperialen EU-Wirtschaft und Gift für die unterlegenen afrikanischen Länder. Diese Fluchtursache wird von der deutschen Regierung nicht bekämpft, wohl aber die Menschen, die zur Ursache ihres Scheiterns aufbrechen und hoffen, als Schutzsuchende die EU-Grenze zu erreichen.

3.8. Geflüchtete haben Rechte

Vertreibung, Flucht und Migration gehören weltweit zu den größten Herausforderungen der Gegenwart. Den Hauptanteil der heimatlos gewordenen Menschen nehmen die unmittelbaren Nachbarländer auf. Sie tragen die Hauptlast. Nach Europa, nach Deutschland, einem der reichsten Länder weltweit, kommt lediglich ein winziger Teil. Die zivilgesellschaftlichen Gruppen haben ein Signal des »Willkommen bei uns« gegeben. Warum folgen die Regierenden nicht diesem Signal, wenden stattdessen ihre Hälse und übersetzen das »Wir schaffen das« in ein »Wir schaffen die Abschiebung«? Kann eine sozialethische Reflexion dazu beitragen, das politische Handeln zu orientieren?

(1) Die Regierenden in der Nachfolge der Zivilgesellschaft

Der Blickwinkel der Regierenden auf die Geflüchteten sollte nicht durch eine innenpolitische Wahltaktik getrübt sein, die zu grassieren beginnt. Vielmehr sollten sie den Teufelskreis durchbrechen, der sie zu Getriebenen einer medial aufgeheizten Berichterstattung macht, welche die Öffentlichkeit mit Szenarien tatsächlicher oder vermeintlicher Bedrohung überflutet. Die Ressortminister des Inneren und der Justiz sollten der Versuchung widerstehen, im Umgang mit den Geflüchteten schon auf Anzeichen von Fremdenfeindlichkeit zu reagieren und der Obsession zu erliegen, terroristischer Gewalt durch Aufrüstung, Überwachung und die Einschränkung von Grundrechten zuvorzukommen. Der Staat sollte sich nicht in eine selbstverschuldete Geiselhaft nehmen lassen, wodurch sich radikale Gruppen in ihrer Agitation bestätigt fühlen.

Die argumentative und emotionale Reaktion der Regierenden auf zwei radikalisierten Bevölkerungsgruppen, welche die Aufnahme der Geflüchteten als Bedrohung empfinden, ist bisher vernachlässigt worden. Dies nachzuholen ist nicht zu spät. Die eine Gruppe ist verbittert über die politisch verursachte Abwärtsspirale ihrer sozialen Lebenslage und projiziert ihr Abgehängtsein auf die Art und Weise, wie die Zivilgesellschaft und der Staat die Geflüchteten behandeln. Die andere Gruppe fühlt sich in ihrem bürgerlich-konservativen oder national-liberalen Lebensgefühl verunsichert und fürchtet, dass eine angeblich homogene Volksgemeinschaft durch die Geflüchteten aus einer fremden Kultur zersetzt wird. Soziale und kulturelle Ängste werden in eine Abwehr des Fremden transformiert. Mir scheint, dass die Methode der Kanzlerin zu kurz greift, solche Tendenzen in ihrer Entwicklung lediglich zu beobachten und darauf zu warten, wie sie sich entwickeln, ohne perspektivische Alternativen öffentlich zu artikulieren.

Die naheliegende Reaktion, eine inhaltsleere Wertedebatte zu eröffnen, greift ebenfalls zu kurz. Kulturkritiker beklagen den Werteverfall, Politiker verteidigen eine wie auch immer geartete abendländische Wertegemeinschaft gegen den Islam. Die Kanzlerin erinnert den US-amerikanischen Präsidenten an gemeinsame Werte. Wenn sie nur klar sagen würden, welche Werte sie meinen. Werte existieren nicht unabhängig von Menschen. Ein Sonnenuntergang, den niemand bewundert, ist kein Wert. Alles, was Menschen sich wünschen, was sie interessiert und bewegt, kann zum Wert werden. Wer bestimmt also, was wertvoll ist? Die menschliche Natur, eine höhere Macht, die politische Klasse, jeder einzelne Mensch? Partikuläre Lebensgemeinschaften innerhalb einer weltanschaulich neutralen Gesellschaft können sich darüber verständigen, was sie für wertvoll halten. Nur können sie ihre Vorstellungen vom gelingenden Leben nicht allen anderen als verbindlich vorschreiben.

Die Regierenden haben es bisher verpasst, öffentlich und entschieden darüber zu reden, welchen Reichtum die Geflüchteten einer vergreisenden Gesellschaft anbieten. Für eine politische Kehrtwende ist es ebenfalls nicht zu spät. Die zivilen Initiativen können davon ein Lied singen: Es kommen Familien mit Kindern nach Europa, die unsere eingespielten Gewohnheiten aufmischen. Im direkten Kontakt mit ihnen merken wir schnell, wie schön es werden könnte, wenn sie hier ihren Ort fänden. Was Papst Franziskus den ermüdeten Christengemeinden entgegenruft, sollten die in der Alltagsroutine angestaubten politischen Entscheidungsträger beherzigen: »Geht!« Reißt die alarmgesicherten Portale eurer Konferenzsäle auf und geht in die Einrichtungen der Erstaufnahme, setzt euch in die Integrationsklassen, in die Sprachkurse, Berufsschulen und Lehrwerkstätten! Eignet euch die Stimmung und Zuversicht der Helferinnen und Helfer an, die das zu schaffen versuchen, was ihr ihnen mit eurem Abschiebungswahn vermiest!

Die Regierenden sollten eine überzeugende und engagierte Aufklärung darüber nachholen, dass die Aufnahmefähigkeit weder der Europäischen Union mit einer Bevölkerung von 500 Millionen Menschen durch einige Millionen Flüchtlinge noch die Aufnahmefähigkeit Deutschlands mit den Geflüchteten, die in Deutschland Asyl oder Schutz suchen, erschöpft ist. Wie viele Flüchtlinge im Verhältnis zur Wirtschaftskraft haben der Libanon, Jordanien, Pakistan und Äthiopien aufgenommen? In Jordanien leben bei einer Bevölkerung von 9,5 Millionen fast drei Millionen Flüchtlinge, darunter 1,3 Millionen Syrer. Der Libanon hat vier Millionen Einwohner, darunter 1,2 Millionen Geflüchtete aus Syrien. Auf Deutschland übertragen, wären dies 24 Millionen Geflüchtete in vier Jahren. Noch beschämender ist der Vergleich für Deutschland, wenn das Pro-Kopf-Einkommen auf die Zahl der Flüchtlinge bezogen wird, die von Ländern wie Äthiopien oder Pakistan aufgenommen wurden. Wer definiert eigentlich, wann beispielsweise die Aufnahmefähigkeit Deutschlands, des reichsten Landes in Europa, an eine Grenze stößt, die nicht überschritten werden darf? Nach 1945 flohen 14 Millionen Menschen aus den ehemals deutschen Ostgebieten, zwei Millionen Flüchtlinge und Vertriebene starben auf der Flucht, zwölf Millionen kamen in ein zerstörtes und verwundetes Deutschland und wurden auf die vier Besatzungszonen verteilt. Obwohl sie Staatsangehörige waren, wurden auch sie zunächst als Fremde »aus der kalten Heimat«, als »Polacken«, »damisches Gesindel« oder als eine »Plage wie Kartoffelkäfer« abgestempelt. Zudem lebten Ende 1945 noch eine halbe Million »Dispersed Persons« im Land. Von 1965 an vereinbarte die Bundesrepublik für Millionen so genannte Gastarbeiter aus Italien, Spanien, Griechenland, der Türkei, Marokko, Portugal, Tunesien und

Jugoslawien Anwerbeabkommen. Nach dem Zusammenbruch des real existierenden Sozialismus kamen 4,5 Millionen deutschstämmige Minderheiten aus der ehemaligen Sowjetunion, beim Ausbruch der Balkankriege kam eine Million Personen nach Deutschland. In der Bundesrepublik Deutschland stehen 1,7 Millionen Wohnungen leer, 1,1 Millionen allein in Westdeutschland. Das Privateigentum ist, wie Papst Paul VI. erklärte, »für niemand ein unbedingtes und unumschränktes Recht. Niemand ist befugt, seinen Überfluss ausschließlich sich selbst vorzubehalten, wo anderen das Notwendigste fehlt.«

(3) Eine biblische Erinnerung

Denjenigen, die sich auf eine angeblich jüdische-christliche Leitkultur berufen, ist eine biblische Erinnerung nicht fremd: Das Volk Israel war von seinem Ursprung her ein Fremdkörper im Vorderen Orient. Für die urbanen Zentren in Palästina und die ausländischen Kontrollmächte um Palästina herum waren die Stämme der Nomaden wie eine Landplage, Inbegriff des zerstörerisch Fremden aus dem Osten. Unter dem Leitwort der »fremden Väter« wurde das Fremdsein Abrahams und der Stammväter zur exemplarischen Existenzweise. Abraham sollte aus seiner Heimat, aus seinem Vaterhaus in das Land ziehen, das ihm verheißen wurde. Der gläubige Jude sprach von seinem Vater als einem heimatlosen Aramäer. Die fremden Väter mit begrenzter Verweildauer in Palästina galten als das Kontrastbild zum Hausbesitzer, Stadtbewohner, Nationalstaatsbürger, dem Untertan eines Königs.

Fremde wurden im Volk Israel ambivalent eingeschätzt. Die »fremde Frau«, die Israel zum Glaubensabfall verführt, etwa Isebel beziehungsweise die Frau des Salomo, verkörpert das Bemühen um aggressive Abgrenzung, die Sorge um die eigene Identität, die Angst vor der Selbstaufgabe. Doch die Gastfreundschaft Abrahams wird sprichwörtlich ausgemalt, die fremde Moabiterin Ruth gehört zu den Ahnfrauen König Davids. Das Hohelied ist von der »schwarzen Schönen«, der personifizierten Fremden und Musterbeziehung Salomos fasziniert. Die Tochter des Pharao galt als Prestigegewinn für Israel. Der Fremde, der infolge von Hungersnot, Krieg und Emigration oder Verschuldung, wegen Mord und anschließender Flucht im Land ansässig geworden ist, sollte in die Rechtsgemeinschaft integriert und nicht ausgebeutet werden, er soll teilhaben am Sabbat zum »Atmen« und mit Nahrung, Kleidung und Sozialleistungen ausgestattet sein. Die Begründung heißt: »Du weißt, wie dem Fremden zumute ist. Ihr selbst seid in Ägypten Fremde gewesen.«

Fremde sind Engel: Eine bibeltheologische Deutung lässt sich von einem Satz im Hebräerbrief inspirieren: »Vergesst die Gastfreundschaft nicht. Denn durch sie haben einige, ohne es zu ahnen, Engel beherbergt.« Bevor Paulus verkünden konnte, dass es nicht mehr Juden und Griechen gibt, mussten die jungen Christen sich aus dem Milieu der jüdischen Religion herauslösen und das, was ihnen »heilig« war – Tempel, Beschneidung, Sabbat und Speisegebote – abräumen. Wozu Petrus nur widerwillig bereit war, nämlich einen römischen Hauptmann ohne Beschneidung zu taufen, haben die Evangelien in die Person Jesu zurückverlagert. Jesus selbst scheint gelernt zu haben, dass eine fremde Frau und ein römischer Soldat ihm mit einem Glauben begegnet sind, den er in Israel nicht fand. Er selbst hat über die religiös Fremden eine Deutung seiner selbst gewonnen. Dies ist ein Mandat für heute: Die Fremden sind ein Identitätsangebot an solche Menschen in Europa, die mit ihrer Umwelt vertraut und geneigt sind, sich gegenüber der Außenwelt zu verschließen. Werden sie auf diese Herausforderung eingehen, sich auf die fremden Anderen einlassen und selbst Grenzgänger, neugierig-wohlwollende Kundschafter sein, um eine neue Identität zu gewinnen?

(4) Das Recht auf Rechtfertigung

Die Kulturrevolution der Neuzeit lässt sich mit drei Kernsätzen markieren: Das individuelle Subjekt ist ins Zentrum der Gesellschaft gerückt. Die instrumentelle Vernunft des Menschen hat die Naturgesetze erkennbar und technisch beherrschbar gemacht. Der autonome Wille des Menschen ist Urheber, Träger und Selbstzweck der moralischen Gebote. Subjektivität, Rationalität und moralische Autonomie sind zum Fundament einer politischen Bewegung geworden, die in der Proklamation der Menschenrechte eine weltweite Resonanz gefunden hat. Das Asylrecht ist ein solches Menschenrecht. Aber wie ist das Profil des Rechtsanspruchs, den Schutzsuchende einklagen können, zu bestimmen? Ist er an einen objektiven Verfolgungstatbestand, wie im deutschen Asylrecht, oder an ein subjektives Empfinden gebunden, wie die Genfer Flüchtlingskonvention es vorsieht? Und wer ist der Adressat dieses Rechtsanspruchs: ein Nationalstaat oder die rechtlich verfasste Völkergemeinschaft?

Wie werden sich die Asyl- oder Schutzsuchenden und die Nationalstaaten als Adressaten des Asyl- oder Schutzrechts verständigen? Wie sind die Rechte derer, die drinnen sind, und die Rechte derer, die hineinwollen, einander zugeordnet? Tatsächlich liegt die Kompetenz, den Zugang von Fremden zu regeln, bei der staatlich verfassten Volksgemeinschaft. Aber nach welchen Kriterien werden die Zugangsregeln und die Mitgliedschaftsrechte definiert? Es wäre unfair, wenn das Interesse der Mitglieder an der Aufrechterhaltung eines Luxuskonsums Vorrang vor dem elementaren Überlebensinteresse der Schutzsuchenden hat. Die Sprach- und Lebenswelt derer, die schon Mitglieder sind, verliert ihre Seele, wenn sie geschlossen bleibt. Erst wenn sie sich öffnet, gewinnt sie dauerhaft das eigene und fremde Leben.

Zu einem fairen Umgang mit den Asyl- oder Schutzsuchenden gehört auch, dass die deutsche Regierung diejenigen Personen, die in Deutschland aus politischen oder ökonomischen Gründen Schutz suchen, nicht mehr ausschließlich den Verfahren des Asylrechts unterwirft. Es ist unverständlich, dass die Kanzlerin den anachronistischen Widerstand der CSU und konservativer Gruppen in der CDU, die sich immer noch gegen ein Einwanderungsgesetz sträuben, widerspruchslos hinnimmt. Nicht nur Vertreter der Wirtschaft erwarten ein solches Gesetz, durch das die Asylverfahren entlastet werden, um das Interesse von Unternehmen und Betrieben an ausländischen Mitarbeiterinnen und Mitarbeitern zu bedienen. Die erwerbswirtschaftliche Einbindung von Geflüchteten und Migranten, die motiviert, leistungsbewusst, energiegeladen und innovativ sind, kann verhindern, dass sich Parallelgesellschaften in kommunalen Nischen bilden, wie sie seit dem Anwerbestopp 1973 entstanden sind.

Es sieht so aus, als sei nach fünfzehn Jahren die Gerechtigkeitsfrage erneut in die Gesellschaft zurückgekehrt. Bisher hat indessen die Verteilung von Gütern im Brennpunkt gestanden. Folglich blieb ausgeblendet, wer über den Prozess und die Struktur der Güterentstehung entscheidet. Wer hat die Entscheidungsbefugnis über die Rechte und Pflichten der Asylsuchenden und der Aufnahmestaaten? Wird sie willkürlich getroffen oder begründet? Können die Betroffenen sie rechtfertigen und ihr zustimmen? Das Recht auf Rechtfertigung gesellschaftlicher Verhältnisse wird zum Kern der Gerechtigkeitsfrage. Dabei ist nicht entscheidend, was die Menschen haben, sondern was sie gesellschaftlich sind, wie sie sich aufeinander beziehen und miteinander umgehen. Ein Wechsel von der Sachebene zur intersubjektiven, kommunikativen Dimension hat stattgefunden. Nun stehen sich an der Grenze zur Europäischen Union oder an der deutschen Grenze Mitglieder der einen Menschheit, die diesen Planeten bewohnt, gegenüber. Für jeden von ihnen gilt – über Zäune und Stacheldraht hinweg – der Grundsatz moralischer Gleichheit, dass sie sich wechselseitig und allgemein das gleiche Recht zugestehen, als Gleiche respektiert und behandelt zu werden. Doch der Grundsatz moralischer Gleichheit ist an der Grenze durch die asymmetrischen Machtverhältnisse zwischen den Nationalstaaten und den Schutzsuchenden, die von ihren Entscheidungen über Aufnahme oder Abwehr betroffen sind, überschattet. Wie selbstverständlich nehmen die nationalstaatlichen Führungseliten das Recht in Anspruch, die von ihnen verformten gesellschaftlichen Verhältnisse, von denen sie profitieren, exklusiv und »alternativlos« aufrechtzuerhalten. Diejenigen, die abgedrängt und draußen sind, bleiben der etatistisch oder mit dem Blick auf die heimische Bevölkerung angemaßten Rechtfertigungsmacht wie einem Lotteriespiel ausgeliefert. Wer verhilft den Schwachen zu ihrem Recht gegen jene Macht, die sie unterdrückt? Zum Glück gibt es innerhalb der inzwischen aufgerichteten Zäune und Mauern Ärztinnen und Ärzte, Wächterinnen und Wächter, Anwältinnen und Anwälte, Richterinnen und Richter, die gegen die Arroganz der Macht aufstehen, die Wunden der Kranken heilen und den Rechtlosen Recht verschaffen.

4 Schwingende Architektur

»Staaten pfeifen auf Brüsseler Empfehlungen.« Dieser »Notschrei« einer angesehenen deutschen Frankfurter Zeitung im Sommer 2014 signalisiert den Widerstand, der sich in den Mitgliedstaaten gegen den Regulierungseifer der Brüsseler Kommission aufgestaut hat. Er richtet sich gegen das »Europäische Semester«, ein Verfahren, das der Europäische Rat 2010 beschlossen hatte, um die Wirtschaftspolitik der Mitgliedstaaten zu koordinieren und zu überwachen, mit dem Ziel, die hohe Staatsverschuldung und die Haushaltsdefizite zu drosseln. Beamte der Brüsseler Kommission schicken den Mitgliedstaaten jährlich Empfehlungen, damit sie diese bei ihrer Haushaltsplanung berücksichtigen. Die nationalen Parlamente wehren sich gegen die Gängelung ihrer Souveränität, vor allem wenn es um das Königsrecht des Parlaments, das Budgetrecht, geht.

4.1 Europa-Skepsis

Entspringt der Widerstand der Nationalstaaten gegen das Europäische Semester einer grundsätzlichen Forderung, die Kompetenzen der Nationalstaaten gegenüber den Organen der EU zu stärken? Eine solche Forderung reiht sich ein in die öffentliche Kritik an zentralen Einrichtungen und Verfahren der EU, sie hätten ihre Bürgernähe verloren. Sie ist dem Unbehagen der Arbeitnehmer über einen Binnenmarkt vergleichbar, dessen marktradikales neoliberales Erbgut der Europäische Gerichtshof schützt, anstatt ihn sozial einzubetten. Sie folgt der Empörung der Steuerzahlenden über das gescheiterte Schuldenmanagement der Staats- und Regierungschefs, das von der Europäischen Zentralbank aufgefangen werden musste. Und sie stärkt am Ende das Unbehagen zahlreicher Haushalte über Verordnungen der Brüsseler Kommission, die immer tiefer in den Alltag der Menschen eingreifen.

Die Zahl der Bürgerinnen und Bürger, des ersten Souveräns der Europäischen Union, die den Einrichtungen und Verfahren der EU mit einem emotionalen Ressentiment begegnen, ist 2016 in den Flächenstaaten gegenüber dem Vorjahr auffällig gestiegen. Umgekehrt sank die Zufriedenheit mit der EU beispielsweise in Frankreich im Frühjahr 2016 im Vergleich zum Vorjahr von 59 auf 38 Prozent, in Spanien von 63 auf 47 Prozent, in Deutschland von 63 auf 47 Prozent, im Vereinigten Königreich von 51 auf 44 Prozent. Die apokalyptischen Drohungen und Parolen etwa Wolfgang Schäubles, dass die epochale Entwicklung über die Nationalstaaten hinweggehe, empfinden viele Bürger ebenso als überzogene Angstmacherei wie das alternativlose Mantra der deutschen Kanzlerin: »Wenn der Euro scheitert, scheitert Europa.« Ist die aktuelle Europaskepsis eine gesellschaftliche Epidemie? Nein, sie ist ein Signal dafür, dass die zentrale Ebene der Europäischen Union jene Schwingungen einer ausbalancierten Architektur verloren hat, die souveräne Bürgerinnen und Bürger, Regionen und Nationen ihr ursprünglich gesichert haben.

4.2 Charme des Nationalen

Da die politischen Eliten derzeit der zentralen Ebene der EU größere Aufmerksamkeit zuwenden, wird leicht übersehen, dass die Europäische Union ein Staatenverbund ist, dessen erste Souveränität bei den Nationalstaaten liegt. Die hoheitlichen Kompetenzen, die den EU-Organen zur Verfügung stehen, werden ihnen von den Nationalstaaten übertragen. In den vergangenen Jahren wurden die zentralen Institutionen der EU erheblich von den Verzerrungen des Binnenmarkts und vom Schuldenmanagement in der Eurozone in Anspruch genommen. Das Risiko war groß, dass sie einen Keil zwischen die Nationalstaaten treiben, indem sie die »fleißigen« Nordländer als Gläubiger und die »verschwenderischen« Defizitländer als Schuldner sortierten, die Solidarität der Mitgliedsländer aushöhlten und die sozialen Konflikte in den Ländern, die von der Bankenkrise betroffen sind, verschärften. Wie kann die Souveränität der Nationalstaaten gegenüber der EU-Ebene zurückgewonnen und gefestigt werden? Ich gebe fünf Gesichtspunkte zu bedenken.

Erstens ist eine faire politische und rechtliche Balance zwischen den Entscheidungen im Europäischen Parlament, Ministerrat und in der Kommission gemäß dem ordentlichen Gesetzgebungsverfahren und den Souveränitätsansprüchen der Mitgliedstaaten zu etablieren. Die Nationalstaaten bleiben Partner und »Herren« der EU-Verträge und sollten deshalb berechtigt sein, die Anwendung europäischer Gesetze auf das eigene Land auszuschließen. Um Spannungen und Konflikte zwischen den beiden Ebenen europäischer Souveränität abzufedern und eine funktionsfähige Rückkopplung zu gewährleisten, bietet sich die Konferenz der Europaausschüsse der nationalen Parlamente an. Deren Vertreter treffen sich viermal im Jahr zu einem Erfahrungsaustausch mit Vertretern des EU-Parlaments und zuständigen Mitgliedern der Kommission.

Zweitens sollten die EU-Organe verpflichtet sein, die geographische Lage und den abweichenden Arbeits- und Lebensstil der Mitgliedsländer im Norden, Süden, Westen oder Osten sowie deren geschichtliche, kollektive Erfahrungen zu respektieren. Dies gilt insbesondere gegenüber den mittel- und osteuropäischen Ländern, zumal diese mit kriegerischer Gewalt oder imperialen Gebietsansprüchen in ihrer Nachbarschaft konfrontiert sind.

Drittens sollten unter den 27 Mitgliedstaaten auch Gravitationsfelder und Kooperationen benachbarter Staaten oder Gruppierungen auf Grund besonderer Interessenlage zugelassen oder gefördert werden. Die Visegrad-Gruppe oder die Westbalkan-Konferenz sollten nicht öffentlich geächtet werden, während gleichzeitig die deutsch-französische Achse oder das Weimarer Dreieck akzeptiert und als nützlich bewertet werden.

Viertens ist das Bemühen von Frauen und Männern anzuerkennen, eine emotionale Bindung an die Nation, deren Bürgerinnen und Bürger sie sind, zu wecken und zu kultivieren. Die Nation und ihre Geschichte sind Bestandteil der persönlichen Identität eines Menschen und der Gemeinschaft, in der er oder sie erwachsen werden. Gerade in Staaten, deren Bevölkerung im real existierenden Sozialismus ausschließlich auf die internationale Solidarität eingeschworen wurde, während die Anhänglichkeit an Heimat, Nation und das Nationale als Ausdruck bürgerlicher und faschistoider Entfremdung geächtet war, sollte das Bestreben der Menschen, sich mit der eigenen Nation unverwechselbar zu identifizieren, nicht verdächtigt werden. Denn nur eine Europäische Union, welche die unterschiedlichen Vorstellungen und Ausprägungen nationaler Identität in den einzelnen Mitgliedsstaaten respektiert und würdigt, kann die Menschen auch emotional ansprechen. Mir scheint, dass gerade die Deutschen aus zwei Gründen – indem sie sich an die eigene Nationenbildung erinnern und sich der Lernerfahrung nach dem Zweiten Weltkrieg vergewissern – die nachholende Entwicklung nationaler Identität in den mittelosteuropäischen Ländern verständnisvoll und einfühlsam begleiten können.

Im Unterschied zum frankophonen Sprachraum war im deutschen Sprachgebiet lange die Vorstellung einer Volksnation verbreitet, die eine relative homogene Abstammungsgemeinschaft unterstellt. Durch die Arbeitsmigranten, die bis 1973 in europäischen und außereuropäischen Ländern angeworben wurden, ist diese Vorstellung anachronistisch geworden. Zudem haben die Westdeutschen nach dem Zweiten Weltkrieg die europäische Einigung zunächst ziemlich emotionsfrei begleitet und auf die ökonomische Rationalität reduziert. Dagegen kam die deutsche Zustimmung zur Währungsunion unter national aufgewühlten Emotionen des Mauerfalls und der Rufe nach dem einen Volk zur staatlichen Vereinigung zustande.

Fünftens sollte der in Artikel 5 des EU-Vertrags festgeschriebene Grundsatz der Subsidiarität ins kollektive Bewusstsein der EU zurückgeholt werden. Dieser Grundsatz wurde in einem Sozialrundschreiben der römischen Kirche so formuliert: Es verstoße gegen die Gerechtigkeit, »das, was die kleineren und untergeordneten Gemeinwesen leisten und zum guten Ende führen können, für die weitere und übergeordnete Gemeinschaft in Anspruch zu nehmen; zugleich ist es überaus nachteilig und verwirrt die ganze Gesellschaftsordnung«. Dieser Grundsatz enthält ein »Assistenzgebot«, gemäß dem die größeren Gesellschaften ihren Mitgliedern hilfreichen Beistand zu leisten haben, und ein »Entzugsverbot«, das den größeren Gesellschaften untersagt, jene Aufgaben an sich zu reißen, welche die kleineren Gesellschaften aus eigener Kraft bewältigen können. Der EU-Vertrag hat diese Formel wie folgt aufgenommen: »Nach dem Subsidiaritätsprinzip wird die Union in den Bereichen, die nicht in ihre ausschließliche Zuständigkeit fallen, nur tätig, sofern und soweit die Ziele der in Betracht gezogenen Maßnahmen von den Mitgliedstaaten weder auf zentraler noch auf regionaler oder lokaler Ebene ausreichend verwirklicht werden können, sondern vielmehr wegen ihres Umfangs oder ihrer Wirkungen auf Unionsebene besser zu verwirklichen sind.« Demnach muss die Kommission bei jeder Gesetzesinitiative nachweisen, dass die jeweilige Aufgabe auf der EU-Ebene besser als auf der nationalen, regionalen oder lokalen Ebene zu lösen ist. Diese Regel der Kompetenzzuweisung bringt den Respekt der EU-Organe vor der Souveränität der Nationalstaaten zum Ausdruck. Die nationalen Parlamente können zwar als »Hüter der Subsidiarität« gegen den Gesetzentwurf eines EU-Organs mit einer Solidaritätsrüge vorgehen, die Hürden hierfür liegen aber sehr hoch: Sie muss innerhalb von acht Wochen eingereicht sein und von mindestens einem Drittel der Parlamente unterstützt werden. Gerade im Hinblick auf das beklagte Demokratiedefizit der EU sollte das Vetorecht der nationalen Parlamente gegenüber der Kommission gestärkt werden.

4.3 Zivilgesellschaft

Im Gegensatz zur traditionellen römischen Sozialverkündigung, die der hoheitlichen Funktion des Staates mit besonderem Respekt begegnet war, urteilt Papst Franziskus in dem ökosozialen Rundschreiben »Laudato si'« sehr skeptisch über die politischen und wirtschaftlichen Machteliten. Gesellschaftliche und politische Reformen erhofft er sich eher von Nichtregierungsorganisationen, von zivilgesellschaftlichen Bewegungen und Bürgerinitiativen. Nach dem Urteil kritischer Sozial- und Politikwissenschaftler sind Nationalstaaten und transnationale Institutionen in der Tendenz postdemokratisch verformt. Die traditionellen Gewerkschaften und Sozialverbände sowie die schon nicht mehr »neuen sozialen Bewegungen« wie die Umwelt-, Frauen- und Friedensbewegung haben bereits ein belebendes Potential gesellschaftlicher und staatlicher Erneuerung mobilisiert. Ein besonderes öffentliches Interesse wecken die verhältnismäßig neuen bürgerschaftlichen Initiativen und zivilgesellschaftlichen Engagements wie Attac, Greenpeace, PRO ASYL, Campact, Medico International oder Transparency International.

Der Europäischen Union fehlen weithin noch eine politische Öffentlichkeit und Leitmedien, deren Reichweite regionale und nationale Grenzen übersteigt. Auf eine Initiative des Vereins für »Mehr Demokratie« hin hat die Europäische Kommission 2012 die »Europäische Bürgerinitiative« in Kraft gesetzt. Unter dem Motto »Giving Citizens a Say«, »Den Bürgern eine Stimme geben«, wird Bürgern und Bürgerinnen die Möglichkeit gegeben, die politische und gesetzgeberische Tätigkeit der Unionsorgane zu beeinflussen, indem sie bei der Kommission ein Bürgerbegehren registrieren lassen. Hinter der Initiative »Wasser ist ein Menschenrecht« stand ein europäisches Netzwerk, das sich gegen die Privatisierung der europäischen Wasserversorgung richtete. Die Initiative »One of us« war mit der Forderung von Abtreibungsgegnern verbunden, dass die finanzielle Unterstützung von Schwangerschaftsabbrüchen sowie von Aktivitäten, die zur Tötung von Embryonen führen können, untersagt wird. Die Initiative »Stoppt Tierversuche« wurde von Tierschutzorganisationen aus ganz Europa getragen; die Kommission wurde aufgefordert, die Richtlinie zu Tierversuchen komplett zu überarbeiten. Bei den derzeit laufenden Bürgerinitiativen geht es um Dokumente, welche die Bewegungsfreiheit in der EU erleichtern, um Fortbildungsmöglichkeiten von Personen, die sich für europäische Anliegen engagieren, um den Schutz des Bodens in Europa vor Pestiziden, um den Schutz von Ehe und Familie sowie gegen die Verseuchung der Meere mit Plastikwaren. Das Interesse der Öffentlichkeit an solchen Bürgerinitiativen, die als ein

Weg angesehen werden, sich politisch zu beteiligen, ist auffallend groß: Innerhalb der ersten drei Jahre haben sich sechs Millionen Personen an 51 Initiativen beteiligt. Dass die Bürgerbegehren nationale Grenzen überschreiten, ist ein wichtiger Schritt hin zu einer politisch aktiven Öffentlichkeit auf europäischer Ebene.

Die positive Resonanz wird jedoch von hohen Hürden überschattet, die eine aktive Beteiligung an den Entscheidungsprozessen blockieren: So müssen für die Einbringung eines Begehrens innerhalb eines Jahres eine Million Unterschriften aus sieben Mitgliedstaaten gesammelt sein. Das bedeutet hohe Kosten für die jeweiligen Bürgerinitiativen, deren Arbeit zudem von den unterschiedlichen Bestimmungen in den Mitgliedsländern zum Sammeln von Unterschriften und dem Datenschutz erschwert wird. Und selbst wenn diese Hürden überwunden sind, muss die Kommission das Begehren nicht in einen Gesetzesvorschlag einmünden lassen.

4.4 Regionen

Der Europäischen Union wird ein emotionales Defizit nachgesagt, das in einigen Mitgliedsstaaten nationale Bewegungen erweckt hat. Aber ist der Charme des Nationalen der einzige Gegenpol zu einem europäischen Bewusstsein? Kann nicht vielmehr das Wort vom »Europa der Regionen« nationalen Überschwang relativieren und den Wunsch der Bürgerinnen und Bürger nach emotionaler Nähe erfüllen?

Vieles spricht dafür, dass die Regionen der vorrangige Ort und Raum sind, um die Indifferenz oder gar das emotionale Ressentiment gegenüber den EU-Institutionen zu überwinden. Diese Vermutung wird durch einen Rückblick auf die Bildung der europäischen Nationen bestätigt. Die emotionale Anhänglichkeit der Bevölkerung galt zuerst der Region, nicht der Nation. Selbst im Zentralstaat Frankreich haben sich die Menschen bis ins frühe 20. Jahrhundert hinein kaum mit der Hauptstadt Paris identifiziert. Die französische Sprache musste unter Druck heimisch gemacht werden, damit aus Bauern Franzosen wurden. Für Bretonen und Provenzalen, deren Heimat mit einer ausgeprägten Sprache und Kultur verschmolzen war, löste das »petit pays« eher liebevolle Gefühle aus als »la grande nation«. In Deutschland war eine dynastische Sympathie bis ins 20. Jahrhundert weit verbreitet, wenngleich sie nicht das Ausmaß an Ergebenheit erreichte, die für die multiethnischen Imperien Österreich-Ungarns, Russlands oder des Osmanischen Reichs typisch war. Im ersten deutschen Nationalstaat blieb die dem Kaiserreich geschuldete Gefühlsbindung unterkühlt. Die Bürgerinnen und Bürger fühlten sich weiterhin als Westfalen, Rheinländer, Bayern und Badener. Der Versuch, dem Reich eine nationale Identität von oben einzuflößen, war aussichtslos. Die zahlreichen Bismarck-Denkmäler waren in den nichtpreußischen Ländern wenig willkommene Gäste. Erst in den beiden Weltkriegen wurden die regionalen, sozialen und konfessionellen Identitäten unter politischem Zwang zu einem hasserfüllten, verhängnisvollen Nationalismus zusammengeschweißt.

Ein Europa der Regionen kann sich nicht auf geschichtliche Vorbilder berufen. Als dritte, unterste Ebene einer Mehrebenen-Demokratie muss die Region sich gegen eine nationale und eine EU-Souveränität behaupten. Wenn schon die Mitgliedstaaten nur begrenzt auf die EU-Ebene einwirken können, bleibt der vorhandene Ausschuss der Regionen eine »folkloristische Schaubühne« (Isensee). Von oben kann ein Europa der Regionen nicht verordnet werden. Die Institutionen einer europäischen und nationalen Architektur sind nicht in der Lage, lebendige Regionen als Medien der Bürgernähe und Bodenhaftung hervorzubringen. Die Anziehungskraft der Regionen entsteht nicht administrativ, sondern wächst von unten, vom Boden her, organisch. Was macht eine Region als »rising power« aus? Sie hat sich über Generationen hinweg, während eines langen geschichtlichen Zeitraums kulturell, sprachlich und wirtschaftlich geformt. Sie prägt die Mentalität von Menschen, erzeugt ein tief verwurzeltes Heimatgefühl und stiftet eine gemeinsame Identität. Deren Ausdrucksformen sind enge familiäre Bindungen, freundschaftliche Beziehungen, religiöse Bekenntnisse, wiederkehrende Feste, Trachten, Fahnen und Wappen, unverwechselbare Architekturstile, Naturnähe, Profile landschaftlicher Gestaltung, Volksmusik und Tänze. Aus einem solchen Ensemble sind Nachbarschaftshilfen, dezentrale Verwaltungsformen, Gebietskörperschaften, Landschaftsverbände, Kantone oder sonstige föderale Strukturen entstanden. Renommierte Regionen in Europa sind namentlich bekannt und touristische Ziele, beispielsweise die Bretagne, das Baskenland, die Provence, Aquitanien, Katalonien, Galizien, Schottland, Wales, Südtirol, die Lombardei, Sizilien, Wallonien, Flandern.

Lässt sich das emotionale Defizit der Europäischen Union, die sich auf ökonomische und monetäre Fragen kapriziert hat, durch den menschlichen und gesellschaftlichen Charme der Regionen überwinden? Die in den Regionen verwurzelten Bürger und Bürgerinnen müssen nicht in überschäumende Leidenschaft und Begeisterungsstürme ausbrechen. Aber sie könnten sich an regionale Gründungsmythen erinnern, beispielsweise an Jugendliche, die im Pfälzer Wald an der deutsch-französischen Grenze 1950 den Wachposten erklärten: »Wir kommen aus München, aus Mailand, aus Bern in Europa«, anschließend die Grenzposten ausrissen, den Stacheldraht zerschnitten und die Grenzschützer für ein paar Stunden in die Zollstation einsperrten. Die Erinnerung an solche Helden wurde in den Regionen und Städten Deutschlands wach, als kommunale Selbstverwaltungen mit freiwilligen Netzwerken, spontanen Initiativen, Kirchen, Gewerkschaften und Wohlfahrtsverbänden kooperierten, um Geflüchteten Wohnungen zu besorgen, sie beim Gang zu den Behörden zu begleiten, die Sehenswürdigkeiten der eigenen Stadt zu zeigen und ihnen ein Stück normales Leben, eine private Heimat zu erschließen. Wenn erwachsene Bürgerinnen und Bürger sich so als lernfähig erweisen, dann sollten Kinder und Jugendliche auf allen Stufen der allgemein und beruflich bildenden Schulen eine zweite europäische Sprache sprechen lernen. Sie sollten mit der Hymne, mit der Flagge der EU und mit den Wappen und Flaggen europäischer Regionen oder Städte vertraut werden. Songs und Lieder aus ganz Europa sollten in allen Staaten bekannt gemacht und gesungen werden. Die Sender arte und 3sat könnten noch intensiver geschichtliche und aktuelle Ereignisse aus allen Mitgliedstaaten ausstrahlen. Sie würden dadurch zu Portalen, die nationale Öffentlichkeit in eine europäische Öffentlichkeit umwandeln. Warum ist dem Film «L'auberge espagnole«, der in Barcelona spielt, nicht längst ein Film »L'auberge polonaise« in Krakau gefolgt? Das deutsche Fernsehen hat der erwachsenen Generation ihre Mütter und Väter als beeindruckende »Heldinnen und Helden« inmitten eines brutalen Krieges präsentiert. Kohls und Mitterands Händedruck macht jedoch inzwischen müde. Warum wird nur selten an die dramatischen Ereignisse in den jetzt mittel- und osteuropäischen Staaten vor und während der friedlichen Revolution erinnert – an die Solidarność-Streiks in Danzig, das Durchschneiden des Stacheldrahts an der österreichisch-ungarischen Grenze, die Reise der DDR-Bürger aus der Prager Botschaft nach Westdeutschland? Berufsschüleraustausch in jedem der Mitgliedsländer, ein kostenloses Interrail-Ticket für diejenigen Jungen und Mädchen, die das 18. Lebensjahr vollendet haben, europaweite Sportereignisse, Turniere, Konzerte, Musikfestivals – so könnte die kulturelle Dynamik der Regionen zu einem vitalen Motor des sozialen, wirtschaftlichen und territorialen Zusammenhalts der EU werden. Radlerinnen und Radler sind jetzt schon begeistert von den zauberhaften Radwegen, die sich in Burgund entlang des Doubs und als ViaRhôna von Genf über Lyon bis zum Mittelmeer erstrecken. Ein Neustart der Europäischen Union, der von den Regionen ausgeht, könnte nach oben durchscheinen und auf allen Ebenen den Hauch eines gefühlten Glücks verbreiten (»Alles Glück kommt nie«, schreibt Anna Gavalda), das die Sphären der EU-Verträge und nationalen Selbstbewusstseins durchweht.

4.5 »Camino Europe«

Das Mehrebenen-System der Europäischen Union, eine instabile Symbiose zweier Souveränitäten in einem doppelten Verfahren von Gemeinschafts- und Unionsmethode, entzieht sich einer präzisen Definition, die dem Institutionengefüge und deren Handlungsabläufen entspricht. Metaphern, Bildwelten und Analogien sind die angemessenen sprachlichen Mittel, mit denen dieses komplexe Ensemble umschrieben werden kann. »Camino« ist spanisch und heißt »Weg«. »Europe« wird Französisch oder Englisch ausgesprochen. Damit soll die bildhafte und sprachliche Mehrdeutigkeit der Europäischen Union gekennzeichnet werden. Der Weg ist nicht gradlinig, sondern gewunden. Wegweiser deuten auf Abzweigungen hin, die nicht selten in Schleifen auf den Hauptweg zurückführen. Stolpersteine behindern das zügige Vorangehen, und wegen sphinxartiger Dialoge erreicht die Gruppe das Etappenziel nicht zur vereinbarten Zeit. Wer sich damit abfindet, dass die Europäische Union eine Gruppenwanderung mit 27 eigenwilligen Mitgliedern ist, wird begreifen, dass ein solches Vorhaben sich nicht als stabile und ästhetisch ansprechende Architektur abbilden lässt. Sie gleicht eher einer Wanderbaustelle, die sich im Schritttempo voranarbeitet, mal anhält, ein wenig zurücksetzt, um von Neuem zu starten. Deshalb will ich im Folgenden anschauliche Beispiele dieser charakteristischen Vorgehensweise nachzeichnen und die schwingenden Bewegungen einer zweifach souveränen Mehrebenen-Demokratie, die trotz unvorstellbarer Turbulenzen das Gleichgewicht und die Fassung nicht verliert, beschreiben.

(1) Glaubenskämpfe

Die Europäische Union wird von einem weltanschaulichen, quasi-religiösen Glaubensstreit heimgesucht, der seit den 1980er Jahren den wirtschaftlichen, sozialen und territorialen Zusammenhalt bedroht. Zwei Mythen streiten um den wirtschaftspolitischen Vorrang: Wo liegt der passgenaue Schlüssel, der in der Lage ist, eine stetige wirtschaftliche Belebung zu gewährleisten, ohne den sozialen Zusammenhalt zu verletzen? Die eine Konfession verweist auf angelsächsische Erfahrungen und Theorien, die den Schlüssel wirtschaftlichen Erfolgs in Investitionen erblicken, die den privaten Konsum und die Nachfrage nach öffentlichen Gütern steigern. Die andere Konfession setzt auf eine rigorose Knebelung öffentlicher Haushalte zugunsten privater Vermögen, auf Schuldenbremsen und schwarze Nullen sowie auf einen flexiblen Arbeitsmarkt mit gespreizten Löhnen und schwacher Tarifautonomie. Ihre Anhänger sind davon überzeugt, dass ein wirtschaftliches Wachstum bei einer zunächst ungleichen Einkommens- und Vermögensverteilung auf längere Sicht den steigenden Wohlstand zu denjenigen durchsickern lässt, die sich zunächst als benachteiligt empfinden. Die deutsche Finanzverwaltung munitioniert die Ideen dieser Glaubensrichtung von einem Kerneuropa, das keimhaft in der Eurozone angelegt ist und nach und nach von peripheren Staaten wie Satelliten umkreist wird. Gegen ein solches Europamodell wehren sich die Mitgliedsstaaten, die bisher aus dem Kerneuropa verbannt sind. Sie empfinden, dass das real existierende Kerneuropa und die Eurozone wenig Anziehungskraft ausstrahlen. Die Eurozone sei ein Torso, auf eine fiskalische und monetäre Regie verkürzt, dauernd mit der Reparatur fehlkonstruierter Verfahren beschäftigt. Die Gemeinschaftsmethode werde ständig durch zwischenstaatliche Verträge ausgehebelt. Und selbst innerhalb der Eurozone vervielfältigen sich soziale Verwerfungen, welche die ganze EU anstecken. Inzwischen unterstützt der Europäische Rat mit Ausnahme der deutschen Kanzlerin die deutschen Glaubensritter nur noch halbherzig. Denn die Staats- und Regierungschefs bezweifeln angesichts der negativen Wirkungen der marktradikalen Strategie in den Südländern, dass die hohe Arbeits- und Perspektivlosigkeit junger Menschen durch eine Zonengrenze zwischen Kern- und Randeuropa beseitigt wird. Umgekehrt führen die Erfahrungen, die Deutschland mit expansiven Haushalten macht, um die Integration der Geflüchteten zu bewältigen, zu der Einsicht, dass ein offensives Konjunkturprogramm mit der Vorgabe schwarzer Nullen vereinbar sein kann. Deshalb ermutigen Mitglieder des Europäischen Rats den Kommissionpräsidenten Juncker, über die Gemeinschaftsmethode ein dreijähriges Programm von 315 Milliarden Euro für strategische Investitionen aufzulegen. Das gemeinsame Vorangehen des Europäischen Rats und der Kommission scheint den dogmatischen Streit um wirtschaftspolitische Mythen abzukühlen.

(2) EU gegen Nationalstaaten

Eine der Zerrreißproben der Union ist die wiederkehrende Spannung zwischen der Ebene der EU-Organe und den souveränen Nationalstaaten. Beispielsweise soll die Kommission mit dem Instrument des »Europäischen Semesters« auf die Gestaltung der nationalen Haushalte einwirken, damit diese im EU-weiten Gleichklang konsolidiert werden. Bisher haben die nationalen Regierungen und die Parlamente darauf häufig mit vornehmer Nichtbeachtung reagiert. Im Bericht der fünf Präsidenten zur Vollendung der Wirtschafts- und Währungsunion wurde 2015 vorgeschlagen, dieses Instrument zu schärfen. Ob die Parlamente sich davon beeindrucken lassen, bleibt wohl ungewiss. Ein zweites Beispiel ist die von Deutschland durchgesetzte Regelung in der Dublin-III-Verordnung, die zur Folge hatte, dass Geflüchtete schon direkt vom Himmel auf deutschen Boden fallen müssen, um hier einen Asylantrag stellen zu können. Dass sich die deutsche Kanzlerin angesichts der Bilder von Geflüchteten, die im Budapester Hauptbahnhof zusammengepresst lagen, gegen Dublin entschied und situationsgemäß reagierte, ehrt sie. Dass sie dies ein Jahr später angesichts der Geflüchteten, die in Griechenland einer bitteren Kälte ausgesetzt sind, nicht mehr tut, ehrt sie nicht, aber sie mag es damit erklären, dass sie »alternativlos« auf alternativen Wegen unterwegs ist, Flüchtlinge von Deutschland fernzuhalten und Abschiebungen »zu schaffen«. Ihr intensives Rufen, dass die Union sich mit einer halbwegs einsamen deutschen Entscheidung solidarisch erweisen möge, blieb ohne Echo. Ein drittes Beispiel, wie die Konflikte zwischen souveränen Nationalstaaten und den »Dompteuren« der Eurozone das Wasser zum Sieden, aber nicht zum Verdampfen bringen, liefert die Auseinandersetzung der griechischen Regierung mit den Gläubiger-Staaten. Diese hatten die Freigabe eines dritten Hilfspakets an die üblichen rigiden Sparauflagen geknüpft. Ministerpräsident Tsipras sagte jedoch den griechischen Rentnern und Rentnerinnen anlässlich des Weihnachtsfests eine Sonderzahlung zu, die er nicht von den Gläubigern hatte absegnen lassen. Diese drohten damit, die Hilfszusage aufzuschieben oder gar zu verweigern. Zudem hatte der Deutsche Bundestag seine Zustimmung zu einer weiteren Griechenland-Hilfe daran geknüpft, dass der IWF sich daran beteiligen würde. Dieser verweigerte die Beteiligung jedoch satzungsgemäß, weil Griechenlands Schulden nicht tragfähig seien. Am Ende erhielten die Rentner doch das Weihnachtsgeschenk, und auch das Hilfspaket erreichte Griechenland. In der EU wird eher eine Verständigung gesucht, wie sie der konkreten Situation angemessen ist, als dass vertraglich bindende Normen oder Zusagen, zumal sie unter Druck zustande kommen, streng beachtet werden.

(3) Unionsmethode gegen Gemeinschaftsmethode

In der Europäischen Union existieren zwei Verfahrensregime. Die von der deutschen Kanzlerin eingespielte »Unionsmethode« wird im Europäischen Rat verwendet. Dieser ist für die politischen Richtlinien zuständig, hat jedoch keine Rechtsetzungskompetenz. Seine Beschlüsse erfolgen in der Regel einstimmig. Die »Gemeinschaftsmethode« gilt dagegen für das ordentliche Gesetzgebungsverfahren. Daran ist die Kommission beteiligt, die ein Vorhaben vorschlägt, das Parlament berät darüber und stimmt zu, der Ministerrat beschließt es mit qualifizierter oder einfacher Mehrheit. Welches Verfahren gewählt wird, entscheidet letztlich der Europäische Rat. So hatten im September 2015 die Kommission, das Parlament und der Rat der Innenminister im ordentlichen Gesetzgebungsverfahren beschlossen, dass 120 000 Geflüchtete nach festen Quoten auf die Mitgliedsländer verteilt werden sollen. Bei der Entscheidung des Ministerrats wurden die Slowakei, Ungarn, Tschechien und Rumänien überstimmt, die den Beschluss nicht respektieren wollten. Im September 2016 dagegen bediente man sich auf der Konferenz der Westbalkanstaaten, die in Wien stattfand, der »Unionsmethode«. Einstimmig wurde beschlossen, die Außengrenzen zu sichern, die Balkanroute zu schließen und die beiden Vorhaben zu finanzieren, während über feste Aufnahmequoten weder auf der Konferenz in Wien noch auf der informellen Tagung der Staats- und Regierungschefs in Bratislava überhaupt geredet wurde. Die Überlastung Italiens und Griechenlands hat die deutsche Kanzlerin mit der Zusage abgemildert, den Griechen monatlich einige Hunderte Geflüchtete abzunehmen. Wenn sowohl die Gemeinschafts- als auch die Unionsmethode an systemische Grenzen stoßen, bleibt als Ausweg die Hilfe der barmherzigen Samariterin, die inzwischen eher an schnelle Abschiebungen denkt.

(4) Kompetenzgerangel

In der EU können drei Institutionen die jeweilige Entscheidungskompetenz beanspruchen. Auf dem Umweg über die Unionsmethode hat sich der Europäische Rat eine quasiexekutive Kompetenz angeeignet, obwohl er über keine Rechtsetzungskompetenz verfügt. Er legt fest, ob das ordentliche Gesetzgebungsverfahren unter Einschluss des Europäischen Parlaments angewendet wird, ob er die völkerrechtlichen Verträge, welche die Mitgliedsländer der Eurozone unter Ausschluss des Europäischen Parlaments vereinbaren, koordiniert, oder ob er im Konsens allgemeine politische Orientierungen vorgibt. Er kann wohl auch, wenn alle Mitglieder zustimmen, die Schließung der Balkanroute veranlassen. Die ordentliche Gesetzgebungskompetenz liegt indessen beim Parlament und beim Ministerrat. Dieser wird aus den Vertretern der Nationalstaaten gebildet. Allerdings wechselt seine Zusammensetzung mit den verschiedenen Themen und Ressortzuständigkeiten. Mal beschließen die Innenminister, mal die Agrar-, Umwelt-, Finanz- oder Außenminister. Den Vorsitz hat das Regierungsmitglied jenes Staates, der im halbjährigen Turnus mit der Ratspräsidentschaft betraut ist. Wenn sich innerhalb dieses Gremiums beispielsweise ein Konflikt zwischen den Finanzministern, insbesondere der Eurogruppe und Griechenland, zuspitzt, zieht der Europäische Rat den Konflikt an sich und sucht ihn gemäß dem Konsensprinzip zu entknoten. Die Spannungen und Konflikte, die sich aus der Richtlinienkompetenz des Regierungschefs und der Ressortkompetenz eines Ministers ergeben, wiederholen sich innerhalb des Institutionengefüges der EU, allerdings ohne dramatisch zu eskalieren. Als der deutsche Finanzminister die öffentliche Auseinandersetzung zwischen den Gläubigern und der griechischen Regierung auf die Spitze trieb und einen zumindest zeitlich begrenzten Austritt Griechenlands aus der Eurozone in den Medien lancierte, entzog die deutsche Kanzlerin die fiskalische Diskussion den Finanzministern und lenkte sie auf die politische Ebene des Europäischen Rates.

(5) Machtverschiebungen

Wie auffällig sich im Verlauf weniger Jahre die Machtverhältnisse zwischen den Institutionen und Verfahren der Europäischen Union verändert haben: Zunächst hatte der Europäische Rat eine »Unionsmethode« mit konsensorientierter

Abstimmung der »Gemeinschaftsmethode« des ordentlichen Gesetzgebungsverfahrens, das unter der Regie von Kommission, Parlament und Ministerrat ablief, aufgepfropft. Zudem hatte er die exekutive Kompetenz des Krisenmanagements und der zwischenstaatlichen Zusammenarbeit der Eurozone an sich gerissen. Die Runde auf den EU-Gipfeln, also die nationalen Regierungschefs hatten die Souveränität der nationalen Parlamente ausgeschaltet. Aber spätestens seit der Europawahl 2014 wurde die Architektur der Macht erheblichen Schwingungen ausgesetzt. Der Europäische Rat musste das Auftreten von Spitzenkandidaten hinnehmen, die sich auf eine europaweite Resonanz stützten. Diese traten mit dem Anspruch auf, Präsident der Kommission oder Präsident des Parlaments zu werden. Diese Ansprüche leiteten sie nicht aus der Ernennung des Europäischen Rats, der nationalen Regierungschefs aus der Wahl durch das Europäische Parlament ab. Das Parlament erhielt durch Martin Schulz ein erkennbares Gesicht. Jean-Claude Juncker erzwang für sich auf Grund der Europawahl unabweisbar die Berufung zum Kommissionspräsidenten. Allerdings wurde der Präsident des Europäischen Parlaments zu dem Treffen in Bratislava nicht eingeladen. Doch Donald Tusk und Jean-Claude Juncker verabredeten mit Martin Schulz ein informelles Gespräch außerhalb des Veranstaltungsorts. In der Folgezeit ist das Parlament erheblich aufgewertet worden. Während vor 2014 der Europäische Rat oder die Kommission Verwaltungsbeamte schickten, um das Parlament zu konsultieren, tauchten in der Folgezeit Angela Merkel, Donald Tusk und Jean-Claude Juncker persönlich auf, um ihre Pläne zu erörtern. Auch die Kommission hat ihr Profil verändert. Unter Juncker als »Regierungschef« tritt sie aus der Rolle einer bürokratischen Verwaltung heraus und übernimmt die Rolle einer Quasi-Exekutive.

Es grenzt an ein säkulares Wunder, dass die Europäische Union trotz der wirtschaftspolitischen Glaubenskämpfe, des Kompetenzgerangels um die EU-Institutionen und die Nationalstaaten sowie der Machtverschiebungen nicht aus den Fugen geraten ist, die Balance nicht verloren hat. Aber bleibt nicht der Makel wiederholter Vertragsverletzungen an ihr hängen?

Die Kommission hat eine erhebliche Zahl an Vertragsverletzungen festgestellt. Allein 2015 wurden gegen Deutschland 88 Verfahren eingeleitet, 2016 waren es 89. Schwerwiegende Vertragsverletzungen traten in der EU nach 2002 auf, als zuerst Deutschland und Frankreich und in der Folge Italien und Griechenland sich über die Stabilitätskriterien des Maastricht-Vertrags, insbesondere über den Deckel der öffentlichen Verschuldung, hinweggesetzt hatten. Nach der großen Finanzkrise leitete die Kommission gegen 20 EU-Mitgliedsländer Verfahren wegen Vertragsverletzung ein. Als die Missachtung vertraglicher Regeln durch die großen Länder nicht verfolgt wurde, fühlten sich kleinere Länder offensichtlich entschuldigt. Warum werden die massiven Vertragsverletzungen geduldet? Warum bleiben sie folgenlos, warum werden sie nicht sanktioniert? Ich denke, dass die Europäische Union keine fundamental abgestützte Statik aufzuweisen hat. Solange sie einen institutionellen Neustart mit klar erkennbaren Zuständigkeiten scheut, liefert sie sich einer schwingenden Architektur aus. Es wäre eigentlich zu erwarten, dass sie daran zerbricht. Aber dass dies geschieht, ist unwahrscheinlich, auch deshalb, weil die Mitgliedsländer gelernt haben, extreme Widersprüche zu ertragen: Wenn die Kommission ein Verfahren wegen Vertragsverletzung gegen ein Land einleitet, weil die Schuldengrenze überschritten wurde, wenden die nationale Regierung und das

Parlament ein, dass außergewöhnliche Ereignisse dies erzwungen hätten; sie können sich auch darauf berufen, dass es weder objektive noch eindeutige Höchstgrenzen staatlicher Verschuldung gebe, weil in der traditionellen Finanzwirtschaft die Regel gilt, dass zwar laufende Ausgaben des Staates durch Steuern, aber Investitionen, deren Vorteile auch nachwachsende Generationen genießen, durch Kredite finanziert werden können. Andere Länder könnten die Übertretung der vertraglichen Bindung damit rechtfertigen, dass Verträge, die unter ungleichen Ausgangsbedingungen oder unter Druck zustande kommen, unfair seien und den benachteiligten Partner nicht binden. Den Vorwürfen gegen die Defizitländer des europäischen Südens, dass diese im Verhältnis zur fleißigen Bevölkerung im Norden der EU verschwenderisch seien, wird mit der Frage begegnet, warum die Überschüsse einiger Nordländer nie problematisiert würden. Die verbreitete Legende, dass Europa keine Sozialunion sei, kann durch den Hinweis auf die Verträge, die Zahlungen der Ausgleichsfonds, den heimlichen Sozialtransfer der EZB, die Bankenunion sowie die geplante gemeinsame Einlagensicherung widerlegt werden. Es scheint immer wieder überzeugende Gründe zu geben, die den Willen der Mitgliedsländer zur Verständigung, zum Kompromiss, zum Zusammenhalt der EU festigen, ohne Vertragsänderungen oder wenigstens Korrekturen und Reparaturen an den Institutionen und Verfahren der EU vorzunehmen.

Wohlwollende Kritiker widersprechen einer derart »unerträglichen Leichtigkeit des Seins«. Denn sie verursache Rechtsunsicherheit und Rechtsmissbrauch, zumal im Verhältnis zur kleinen Zahl von Gewinnern zahlreiche Verlierer auf der Strecke bleiben würden. Es wirke paradox, dass gerade beschlossen wurde, steuerzahlende Bürgerinnen und Bürger der EU niemals wieder für marode Banken haften zu lassen, während der italienische Staat und die Europäische

Union gleichzeitig für die marode Bank Monte dei Paschi und deren Gläubiger bürgen. Sind also die zahllosen Widersprüche hinnehmbar, die den Schlamassel der EU ausmachen? Völkerrechtliche Verträge sind nun einmal keine Verfassung. Sie im Einvernehmen von 27 souveränen Staaten zu verändern sei kostspielig und beanspruche Zeit, da ein Konsens extrem schwierig zu erreichen sei. Im ungünstigen Fall werde der Verfassungsentwurf eines Konvents durch ein Referendum der Bevölkerung zurückgewiesen, wie es in Frankreich und in den Niederlanden bereits geschehen ist. So argumentieren die Staats- und Regierungschefs. Haben sie recht? Ich finde, dass es gute Gründe dafür gibt, das starre Festhalten an Vertragsnormen zu hinterfragen, die unter dem Druck mächtiger Staaten oder unter Voraussetzungen zustande gekommen sind, die heutzutage ihre Anziehungskraft verloren haben. Dann wären die politischen Eliten der EU vielleicht entschuldigt, dass sie die Vertragsverletzungen hinnehmen, solange alternative und passable Wege gefunden werden, die situationsgemäß sind und dem allgemeinen Interesse dienen, weil sie im Einvernehmen und auf Augenhöhe aller Beteiligten beschlossen werden.

(7) Gesichter und Persönlichkeiten

Die Europäische Union mag zwar wegen der undurchsichtigen Zuordnung ihrer Institutionen und der diffusen Umschreibung der Zuständigkeiten chaotisch wirken und in ihrer schwingenden Architektur Risse und Bruchlinien aufweisen. Aber sie ist es nicht im Blick auf die profilierten Gesichter und politischen Persönlichkeiten, die im Zeitablauf der Union jeweils ein unverwechselbares Profil gegeben haben. Dazu gehören als außenstehende Freunde George C. Marshall aus den USA und Michail Gorbatschow aus der

UdSSR. Ohne sie würde die europäische Integration und das Europa der 27 nicht existieren. Ich wünsche mir, dass jeder Europäer und jede Europäerin, die heute leben, in emotionaler Neugierde sich auf die Spurensuche nach jenen Ankergestalten machen, auf deren Schultern wir stehen. Ich denke an Robert Schuman und seinen 1950 veröffentlichten und mit Konrad Adenauer abgestimmten Plan, der als die Geburtsurkunde der Europäischen Union angesehen wird. Ich stelle mir die beeindruckenden Tandems der deutsch-französischen Freundschaft vor: Konrad Adenauer und Charles de Gaulle während einer Friedensmesse in Reims, Willy Brandt und Georges Pompidou, Helmut Schmidt und Valéry Giscard d'Estaing, Helmut Kohl und François Mitterrand, deren Hände auf dem Schlachtfeld von Verdun ineinander greifen – ein Bild, das sich wie der Kniefall Willy Brandts in Warschau dem kollektiven Gedächtnis der Europäer und Europäerinnen eingebrannt hat, Gerhard Schröder und Jacques Chirac, Angela Merkel und Nicolas Sarkozy, Angela Merkel und François Hollande. Ich empfinde hohen Respekt vor Alexander Dubček und den Tagen des Prager Frühlings, vor Lech Wałęsa, dem Chef der Gewerkschaft Solidarność, Nobelpreisträger und ersten polnischen Präsidenten, vor Václav Havel, dem ersten Präsidenten der Tschechischen Republik, vor Jacques Delors, ohne den es kein Sozialprotokoll im EU-Vertrag gäbe, den Jean-Claude Juncker als sein großes Vorbild verehrt, vor Alexis Tsipras und seinem aufrechten Gang und schließlich vor dem einmaligen Zusammenspiel vier europäischer Präsidenten Martin Schulz, Jean-Claude Juncker, Donald Tusk und Mario Draghi. Ohne sie hätte die Europäische Union kein so freundliches, lebhaftes Gesicht.

5 In Richtung Neustart

Am 23. Juni 2016 hat sich die britische Bevölkerung in einem Referendum für den Austritt des Vereinigten Königreichs aus der Europäischen Union entschieden. Es ist das erste Mal, dass ein Mitgliedsland die EU verlässt. Als am frühen Morgen des nächsten Tages das Ergebnis der Abstimmung bekannt wurde, zeigten sich auf den Straßen Londons überglücklich strahlende und fassungslos erstarrte Gesichter gleichzeitig. Bereits vor dem Referendum hatten die Kampagnen eine emotional extrem aufgeheizte Stimmung erzeugt. Mit dem Resultat jedoch wurden aus Nachbarn plötzlich Fremde. »Briten, was ist aus euch geworden?«, fragte eine ausländische Korrespondentin, die bereits seit längerer Zeit aus Großbritannien berichtete. Wurden sie von der Partei des Premierministers in eine abenteuerliche Zukunft gelockt?

Unter den politischen Intellektuellen auf dem Kontinent hat das Referendum einen Schock ausgelöst. Sie hatten gehofft, dass ein knapper positiver Ausgang das für sie Unvorstellbare nicht würde eintreten lassen. Aber das Fass des Unbehagens eines Teils der Bevölkerung am Zustand und an den Entscheidungen der EU-Organe war offenbar übergelaufen. Randvoll war es bereits, als Frankreich Ende Mai und die Niederlande Anfang Juni 2005 den Verfassungsvertrag der EU abgelehnt hatten. Zudem hatten sich die Niederlande im April 2016 in einem konsultativen Referendum gegen das Assoziierungsabkommen der EU mit der Ukraine entschieden. Und in nationalen wie in regionalen Parlamenten, sogar im Europäischen Parlament waren Formationen aufgetreten, die den Euro, die Brüsseler Bürokratie und die Europäische Union für alle sozialen Verwerfungen, die Überfremdung gewohnter Lebensstile und die verlorene Eigenständigkeit verantwortlich machten.

5.1 Der Brexit-Schock

Repräsentanten der »Rest-EU«, der Kommission, des Parlamentes und des Europäischen Rats kamen am Tag danach eilig zusammen, berieten und stimmten ihre Reaktionen im Stillen aufeinander ab. Die ersten öffentlichen Äußerungen klangen ratlos, enttäuscht und wütend. Wer war in der Lage, dieses Votum zu erklären? War es eine Rebellion der einfachen Leute in den ländlichen Gegenden gegen die wohlhabende Oberschicht der Londoner City, der älteren Generation der Nachkriegszeit gegen die Jüngeren und deren Wunsch, sich selbst zu bestimmen, des englischen Südens gegen den schottischen Norden? Sollten noch einmal die Geister des britischen Empires beschworen werden? Oder sind die britischen Seelen nur eruptiv jenen wiederholten Wünschen nach einer Sonderbehandlung gefolgt, welche die Regierung des Vereinigten Königsreichs in Brüssel regelmäßig einforderte, zum Verdruss der übrigen Mitgliedstaaten? Wollten die Briten sich etwa davor schützen, von einigen EU-Staaten wie die Griechen behandelt zu werden? Oder hat sie die Aussicht einer immer engeren Union genervt? Die Antworten, die sich aufgeklärte Kontinentaleuropäer gaben, klangen nur mäßig überzeugend. Welcher dämonische Geist mochte die britische Bevölkerung bloß gepackt haben? Einige Experten fällten aus einer etwas arroganten kontinentalen Distanz heraus ein Urteil: Die breite

Bevölkerung in Großbritannien sei von einer kleinen, ideologisch aufgeheizten Clique in eine Falle ansteckender Erregung, kollektiver Unvernunft und naiver Blindheit hineingetrieben worden, ohne die desaströsen wirtschaftlichen und politischen Folgen zu durchschauen.

Nach ein paar Tagen entluden enttäuschte Mitglieder der politischen Klasse in Brüssel ihren Ärger, indem sie den Briten scharfe Reaktionen ankündigten. Ungezogene Kinder müssten bestraft, getrennten Geschwistern müsse mit gleicher Münze vergolten werden. »Auge um Auge, Zahn um ganze Zahnreihen«, so klangen die wutgeladenen Parolen. »Drin heißt drin, und raus heißt raus«, konstatierte der deutsche Finanzminister. Andere forderten, die britische Regierung müsse den Ausstieg aus der Union sofort erklären. Ein radikaler Schnitt, ein kurzer Prozess würden die Leiden aller verkürzen. Rosinenpicken, privilegierte Behandlung Abtrünniger seien ausgeschlossen. Eine drohende Kettenreaktion unter den verbleibenden Mitgliedsstaaten müsse im Keim erstickt werden. Der Präsident der Kommission Jean-Claude Juncker schlug vor, den EU-Einigungsprozess jetzt mit erhöhtem Tempo zu vertiefen, indem etwa alle Mitgliedsländer in die Eurozone eingebunden würden. Als einen Vorgeschmack der Verhandlungen ließ er die Briten wissen: »Der Deserteur wird nicht mit offenen Armen empfangen.« Zum Glück klang die Nervosität der Kontinentaleuropäer nach ein paar aufgeregten Nächten ab. Die deutsche Kanzlerin fand beruhigende Worte, die den Briten einen Zeitraum zugestanden, sich zu sortieren und den verstörten Kollegen auf dem Kontinent ein Durchatmen gestattete. Es sei nicht ratsam, Großbritannien unter Druck zu setzen und überhastete Schritte einzuleiten. So wurden allmählich ein zeitlicher Horizont und die nächsten Schritte erkennbar. Die Verhandlungen sollten nicht aufgenommen werden, bevor der Austritt nicht formell erklärt sei. Nachdem David Cameron zurückgetreten und Theresa May als neue Premierministerin gewählt worden waren, sah es schon nicht mehr so aus, als würden die Briten auf Zeit spielen. Was sich hinter dem Orakelwort »Brexit is Brexit« verbarg, blieb allerdings unklar. Sollte es eine harte Trennung, einen weichen Ausstieg mit Übergangphasen, eine Beteiligung am Binnenmarkt ohne Stimmrecht oder eine dauerhaft kameradschaftliche Partnerschaft geben?

5.2 Der Geist von Bratislava

Am 16. September, etwa drei Monate nach dem britischen Referendum, kamen die 27 Staats- und Regierungschefs zu einer informellen Tagung in Bratislava zusammen. Das neue Format informeller Treffen anstelle eines spektakulären EU-Gipfels war wohl eine unmittelbare Antwort auf den so genannten Brexit. Den Teilnehmenden waren die Umfragen unter den Bürgerinnen und Bürgern der EU präsent, die der Ratspräsidenten Donald Tusk vortrug. Sie belegten die wachsende Skepsis der Bevölkerung in den Flächenstaaten gegenüber den Institutionen und den Verfahren der Europäischen Union. Die Europaskepsis entsprach offenbar dem Wunsch, die Kompetenzen der Nationalstaaten gegenüber den Organen der EU zu stärken. Doch eine vertiefende Diagnose der Ursachen dieser Skepsis, etwa der schwerfälligen Rettung überschuldeter Mitgliedsländer oder des Scheiterns der Flüchtlingspolitik der deutschen Kanzlerin, wurden nicht vorgenommen.

Am Ende kam eine Erklärung zustande, der alle Teilnehmenden zustimmten, weil sie wohl überzeugt waren, damit die Erwartungen der Bevölkerung an eine erneuerte EU erfüllt zu haben. Die Erklärung enthält drei Ankündigungen, deren Bezug zur inneren und äußeren Sicherheit klar erkennbar ist, nämlich den Migrantenstrom durch die Sicherung der Außengrenzen zu kontrollieren, den Kampf gegen terroristische Attacken intensiver zu führen und verstärkte Anstrengungen zur europäischen Selbstverteidigung im geopolitischen Umfeld zu unternehmen. Wie sehr das Ergebnis der Tagung als ein Neustart zur engeren Zusammenarbeit der 27 Länder zu beurteilen sei, haben die deutsche Kanzlerin und der französische Ministerpräsident den Journalisten fast gleichlautend verkündet. Zudem gaben sie der Union die Hausaufgabe vor, sich für den globalen Wettbewerb und die Digitalisierung zu rüsten. Das deutsch-französische Tandem präsentierte sich als »Motor« der in Bratislava neu belebten europäischen Harmonie. Ursprünglich sollte der italienische Ministerpräsident als Dritter im Bunde dem Auftritt vor der Presse zusätzlichen Glanz verleihen. Er weigerte sich jedoch mitzuspielen: »Ich kann keine gemeinsame Pressekonferenz halten, wenn ich mit den Beschlüssen zu Wirtschaft und Immigration nicht einverstanden bin«, erklärte er später, und er wolle nicht mit einer »bella figura« eine Einigkeit vortäuschen, die nicht vorhanden ist. Auch der ungarische Premier Orban hielt das Treffen für einen Misserfolg, weil es nicht gelungen sei, die Migrationspolitik Brüssels zu ändern, da die Migrationsfrage komplett ausgeklammert blieb.

Offenkundig war die in Bratislava demonstrierte Harmonie nur oberflächlicher Natur. Vage blieb bereits das »Markenzeichen« der Tagung. Donald Tusk hatte für Bratislava eine »Agenda« ausgearbeitet und vorgetragen. Der slowakische Ministerpräsident Fico sprach von einem »Prozess«, der in Bratislava angestoßen sei. Und die deutsche Kanzlerin sah einen »Geist« von Bratislava am Werk. Die Staats- und Regierungschefs hätten nämlich begriffen, was die Völker Europas von ihnen erwarten: Sie wollten Taten sehen und »keine großen Erklärungen, keine Vertragsänderungen«. Aber über die Frage, welche konkreten Schlüsse aus dem so genannten Brexit zu ziehen seien, prallten die gegensätzlichen Vorstellungen hart aufeinander. Die »Kernländer« drängten auf engere Bindungen auf dem Weg zu einer politischen Union. Die mittel- und osteuropäischen Staaten verweigerten kategorisch eine weitere Preisgabe nationaler Souveränität. Länder mit einer relativ geringen Bevölkerungszahl oder solche, deren wirtschaftliche Leistungsfähigkeit schwächer ist, opponierten gegen den quasi-hegemonialen Anspruch Deutschlands und Frankreichs, zu denen phasenweise Italien hinzugezogen werde. Aus dem Kreis der Nordländer beharrten einige darauf, die öffentlichen Haushalte der Mitgliedsländer zu disziplinieren und schärfer zu überwachen, die Südländer drängten auf ein Ende der Spardiktate und verlangten, mehr öffentliche und private Investitionen anzuregen, die wirtschaftliches Wachstum erzeugen und Jugendlichen Arbeit bieten. Westliche Länder klagten mehr Solidarität bei der Verteilung der Geflüchteten ein, die Visegrad-Gruppe lehnte Angela Merkels Flüchtlingspolitik geschlossen ab, verlangte jedoch finanzielle Hilfe, um die Außengrenze mit Zäunen und Radaranlagen zu sichern. Der Willkommenskultur in Deutschland und dem Druck der Kommission, verbindliche Quoten für die Aufnahme Geflüchteter aus Syrien zu akzeptieren, widersetzte sie sich mit dem Grundsatz einer »flexiblen Solidarität«: Jedes Mitgliedsland solle souverän entscheiden, welche und wie viele der Geflüchteten die einheimische Bevölkerung aufnehmen könne und wolle.

5.3 Ungleiche Geschwindigkeiten?

»Wir würden wirklich das Falsche tun, wenn wir wieder eine Vertragsdiskussion beginnen würden«, scheint die Quintessenz der von Angela Merkel in Bratislava formulierten Reaktion auf den beabsichtigten Austritt Großbritanniens zu sein. Soll damit der »Schlamassel« der europäischen Institutionen festgeschrieben werden, allenfalls eine technisch-pragmatische Korrektur von Störfällen oder eine Vorgehensweise, die alarmierende Krisen nicht erregt zuspitzt, sondern geduldig abwartet, bis deren Zenit überstanden ist und sich ein günstiger Zeitpunkt für kaum bemerkbare Veränderungen bietet? Eine solche Behutsamkeit wird im Kreis der intellektuellen und wirtschaftlichen Eliten begrüßt. Sie warnen angesichts der konfliktgeladenen Auseinandersetzungen über die nächsten Schritte und eine gangbare Wegstrecke die Kommission und den Europäischen Rat davor, zu einem »neuen Schwung« aufzurufen. Andere schlagen der EU vor, in der gegenwärtigen Phase folgenden Dreischritt zu vereinbaren: erstens eine etwa zweijährige Pause der Erweiterung nach Osten und Südosten, zweitens eine Bilanz zum aktuellen Stand der verwickelten Strukturen, Funktionen und Entscheidungsprozesse sowie der übergriffigen Bürokratie und am Ende dieser Phase drittens einen Neustart, der das Verhältnis zwischen den zentralen Organen der EU und den Ansprüchen der Völker ausbalanciert sowie das wirtschaftliche, ökologische und soziale Profil der Union in einer multilateralen Welt erkennbar werden lässt. Aber ein solches Moratorium erscheint mir doppelt riskant: Denn die externen Herausforderungen während des vorgeschlagenen Zeitraums lassen sich ebenso wenig einfrieren wie die Entscheidungsprozesse der EU und der Nationalstaaten, die darauf antworten. Selbst die sanft temperierten Reformvorschläge bleiben nicht in der Schublade, die während der Zwischenzeit in der europäischen Öffentlichkeit zirkulieren, ohne das Vertragswerk zu berühren.

Taten, die machbar und Wege, die gangbar sind, habe der »Geist von Bratislava« den Mitgliedsländern und den Organen der EU als Reaktion auf den Brexit diktiert. Dies war wohl die Botschaft, welche die EU 27 vor einem weiteren Zerfasern bewahren soll. Gehören dazu auch jene Reformschritte, die seit den 1980er Jahren in den politischen Debatten innerhalb der EU herumgeistern? Wiederholt wurde von einem Kerneuropa und dessen Peripherien gesprochen, von einem Europa zweier oder mehrerer Geschwindigkeiten sowie von einer verstärkten Zusammenarbeit einzelner Mitgliedsländer. Neuerdings wird auch von der Bundeskanzlerin eine sibyllinisch klingende Äußerung weitergereicht, dass es »eine EU der zwei verschiedenen Geschwindigkeiten« geben werde, »da nicht alle an den gleichen Integrationsstufen teilnehmen wollen«. Als Beispiele nannte sie den Schengenraum, Polens Interesse an einer verstärkten Zusammenarbeit bei der Verteidigung und den deutsch-französischen Wunsch einer engeren Wirtschafts- und Steuerpolitik in der Eurozone.

Der deutsche Finanzminister sah 2014 in der Idee eines Kerneuropas, um das sich periphere Staaten ranken, eine Chance, die Krise hochverschuldeter Staaten der Eurozone zu bewältigen. Mit dem Schutzschirm des Europäischen Stabilitätsmechanismus sei ein Weg gefunden worden, die europäische Integration ohne Vertragsänderungen zu vertiefen. In Zukunft sollte ein EU-Haushaltskommissar berechtigt sein, Haushaltsentwürfe von Mitgliedsländern zu korrigieren, die vertragliche Regeln verletzen. Anfang 2016 hat er die Idee eines Europas verschiedener Integrationstiefen oder -geschwindigkeiten wieder ins Gespräch gebracht. Zum einen könne man osteuropäischen Ländern, die sich zu Recht auf nationale Erfahrungen und Interessen berufen, eine »flexible Solidarität« im Umgang mit den Geflüchteten zugestehen. Zum andern sei in der noch unvollendeten Währungsunion das Verhältnis zwischen den Mitgliedern unterschiedlicher Integrationsstufen zu klären, ohne dass der Übergang von der einen zur anderen Stufe versperrt ist.

Die Idee einer verstärkten zwischenstaatlichen Zusammenarbeit hat beim Management der hohen Verschuldung peripherer Staaten eine Rolle gespielt. Um den europäischen Rechtsrahmen im ordentlichen Gesetzgebungsverfahren nicht zu beanspruchen, an dem die Kommission, das Parlament und der Ministerrat beteiligt sind, wurden innerhalb der Eurozone völkerrechtliche Verträge zwischen EU-Mitgliedsstaaten geschlossen.

Die Debatte über ein Europa verschiedener Integrationstiefen oder Geschwindigkeiten geht zurück auf »Überlegungen zur europäischen Politik«, die Wolfgang Schäuble und Karl Lamers 1994 vorgelegt hatten. Das weitsichtige Positionspapier reflektiert die kritische Lage der europäischen Integration nach dem Ende des Ost-West-Konflikts. Deutschland war in die Mitte Europas gerückt. Die Regierung sah sich verantwortlich, die mittelosteuropäischen Nachbarn militärisch in die Nato, wirtschaftlich und politisch in die Europäische Union einzugliedern. Den Autoren ging es um die Reform der Institutionen sowie das demokratische und föderale Profil der EU. Ein verfassungsähnliches Dokument sollte die Kompetenzen der EU, der Nationalstaaten und der Regionen klar abgrenzen und die föderale Struktur am Subsidiaritätsprinzip orientieren. Eine Methode – »variable Geometrie« oder »mehrere Geschwindigkeiten« – sollte flexibel und elastisch genug sein, »dass die Länder, die in ihrer Kooperation und in der Integration weiter zu gehen willens und in der Lage sind als andere, nicht durch Veto-Rechte anderer Mitglieder blockiert werden«. Der feste Kern integrationsorientierter und kooperationswilliger Länder mit der deutsch-französischen Beziehung als dessen innerer Kern sollte weiter gefestigt werden. Das starke Zentrum müsse die Währungsunion mit einer gleichgerichteten abgestimmten Politik flankieren, die zentrifugalen Kräfte einer Süd-West-Gruppe und einer Nord-Ost-Gruppe bändigen und sich für Italien und Spanien offen halten. Die EU-Osterweiterung sollte das Ziel einer umfassenden Partnerschaft mit Russland im Blick behalten.

Gegen die derzeit geäußerten obskuren Parolen eines mehrförmigen Europas gibt es erhebliche Einwände. Ein »Kerneuropa« auf die deutsch-französische Beziehung zu beschränken bleibt riskant, weil eine auf zwei Länder geschraubte Achse den Widerstand peripherer Länder hervorruft und weil sie, je nach der Zusammensetzung der Regierung und der Parlamente der beiden Länder, verdichtet oder gelockert wird. Den »Kern« um Italien, Polen oder Spanien rotierend zu erweitern bleibt ebenso defizitär, wenn an einer solchen »Vorrunde« nicht kleinere und vor allem mittelosteuropäische Länder beteiligt sind. In der Regel bleibt auch ungesagt, wie die Kernländer mit den peripheren Partnern verflochten sind, welche Institutionen, Verfahren und Ziele in der Kern- und Randzone gelten. Die immer wieder zitierten Beispiele der EU, der Nato oder des Schengenraums überzeugen nicht, weil überlappende Mitgliedschaften in voneinander unabhängigen Rechtskreisen anders zu beurteilen sind als Mitgliedschaften im selben Rechtsrahmen, etwa in der Eurozone unter den EU-Verträgen. Und die zwischenstaatliche Zusammenarbeit der Euroländer unter dem EU-Vertragsregime ist nur analog vergleichbar der Zugehörigkeit im Schengenraum. Die Zauberformel der zwei Geschwindigkeiten bleibt also diffus. Sollen die wirtschaftlich schwächeren Länder ihre Aufholjagd beschleunigen, um Anschluss zu finden, oder sollen die wirtschaftlich starken Länder ihren Abstand zu den weniger leistungsfähigen Ländern vergrößern? Die wohlklingende Formel verstärkter Zusammenarbeit der EU-Mitgliedsländer verschleiert das Parallelregime von EU-Verträgen und zwischenstaatlichen, völkerrechtlichen Vertragsverhältnissen.

In der öffentlichen Debatte geht es jedoch ausschließlich um das Verhältnis von Mitgliedern der Eurozone zu den übrigen Mitgliedern der EU. Die wachsende Distanz zwischen den Staaten, die zur Kernzone gehören sollen, und denen, die draußen sind, erzeugt Spannungen und Konflikte. Sie werden als strukturelle Schieflage von Übermacht und Abhängigkeit erfahren. Aus Differenz wird Rivalität und Auflösung; »drin heißt drin, und raus heißt raus« (Schäuble). Dann erübrigt sich ein Vergleich von Geschwindigkeiten. Wie soll eine politische Feinsteuerung im Kern und zwischen Kern und Peripherie gelingen? Verfestigte Überschüsse und Defizite zwischen den Zonen sprengen jene Balance, um die sich ein Finanzkommissar erfolglos bemüht. Die real existierende Eurozone als stilisiertes Kerneuropa ist abschreckend genug, der Idee zweier EU-Geschwindigkeiten skeptisch zu begegnen. Der Umweg zwischenstaatlicher Verträge, um krisenanfällige Staaten zu retten, hat die Idee zweier Geschwindigkeiten der EU unter einem Rechtsrahmen desavouiert. Die Lebensverhältnisse der Regionen haben sich nicht angenähert. Die soziale Polarisierung hat zugenommen. Dass am Ende die geldpolitische Intervention der EZB als Kreditgeber der letzten Instanz die spekulativen Attacken privater Investoren ins Leere hat laufen lassen und die Eurozone vor dem Scheitern bewahrt, ist eine Mahnung, die Ideen eines Kerneuropas und eines Europas zweier Geschwindigkeiten zu überdenken.

5.4 Erkennbare Institutionen

Warum sind zahlreiche Bürgerinnen und Bürger so verärgert über den Zustand der Europäischen Union? Sie empfinden, dass – in der Sprache von Papst Franziskus – ein »techno-ökonomisches Paradigma« die europäischen Behörden befallen hat. Mit ihm dringen diese heimlich bis in das private familiäre Alltagsleben ein und suchen es zu reglementieren. Ein zweiter Grund des Unbehagens ist das undurchsichtige Zusammenspiel der Institutionen und der Wirrwarr der Machtverhältnisse in der Europäischen Union. Der Begriffsnebel lastet bereits auf dem Wort »Politische Union«. Im Maastricht-Vertrag von 1993 war damit das politische Entscheidungsgefüge der EU-Organe, die Mehrheitsentscheidungen des Ministerrats und die neben dem Rat gleichgewichtige Rolle des EU-Parlaments gemeint. Heutzutage wird unter dem Begriff »Politische Union« eine Währungsunion verstanden, die vollständig in eine Wirtschaftsunion eingebettet ist. So ist der Begriff zu einer Worthülse geworden, die eine klare Zuordnung von Kompetenzen gemäß einer Art Gewaltenteilung bezeichnet, die verschleiert, welche Mutationen der Institutionen schleichend vorgenommen wurden, ohne die EU-Verträge zu verändern und die, zu guter Letzt, eine Zukunftsperspektive signalisieren soll.

Die heimlichen Mutationen der Institutionen und der Verfahren der EU lassen sich im Verlauf der drei Phasen der Rettungspolitik krisenanfälliger Staaten veranschaulichen. Die erste Mutation bestand darin, dass die politische Steuerung der Union ökonomisch-monetär verfärbt und in die Eurozone verlagert wurde. Um deren Steuerung zu gewährleisten, wurde das EU-Gemeinschaftsrecht durch zwischenstaatliche Verträge der beteiligten Mitgliedsländer ergänzt oder gar verdrängt. Während der ersten Phase der Rettungspolitik in den Jahren 2009–2011 hat sich der Europäische Rat die Rolle des politischen Akteurs angeeignet und das Krisenmanagement übernommen. An seiner Seite übernahm die Europäische Zentralbank eine vergleichbare Funktion, indem sie äußerst wirksam eine turbulente und riskante Situation der Eurozone bewältigte. Die zweite Mutation hat die Balance zwischen der EU und den Mitgliedsstaaten verschoben. Der Europäische Rat zog faktisch die Funktion einer Wirtschaftsregierung an sich. In der Folge wurden zentrale Elemente des Haushaltsrechts der Souveränität der nationalen Parlamente entzogen und auf die EU-

Ebene übertragen. Es entstand eine geteilte, jedoch asymmetrische Budgetsouveränität zwischen den Staats- und Regierungschefs und den nationalen Parlamenten. In der folgenden Phase der Rettungspolitik (2012–2013) wurden die Risse im Gefüge der europäischen Institutionen offenkundig. Die Länder der Eurozone vereinbarten zwischenstaatlich den Vertrag über den Europäischen Stabilisierungsmechanismus, während der Fiskalpakt eigentlich in das EU-Vertragssystem hätte integriert werden können, wenn Großbritannien und Tschechien bereit gewesen wären, ihn zu ratifizieren. Die Staats- und Regierungschefs stimmten darin überein, dass die Staatsschuldenkrise systemisch verursacht sei, dennoch befassten sich 22 Gipfeltreffen in drei Jahren mit Griechenland, einer »unendlichen Geschichte«. Inzwischen hatten sich die nationalen Parlamente mit der exekutiven Macht des Rates und der Europäischen Zentralbank abgefunden. Nach 2013 begann die Phase der Re-Regulierung des Bankensektors. Zu diesem Zweck kehrte man zum ordentlichen Gesetzgebungsverfahren der EU mit Kommission, Rat und Parlament zurück. Das Europäische Parlament stimmte der einheitlichen europäischen Bankenaufsicht zu, der ersten Säule der Bankenunion. Über die zweite und dritte Säule, nämlich die Abwicklung insolventer Banken und die Einlagensicherung, steht eine Einigung zwischen dem EU-Parlament und den Mitgliedsländern der Eurozone noch aus, weil die Länder das Abwicklungsverfahren wieder zwischenstaatlich regeln und somit das Parlament aushebeln wollen.

Die Regierenden in Deutschland scheinen der Meinung zu sein, dass die zwischenstaatliche Zusammenarbeit der Mitgliedsländer der Eurozone und das Krisenmanagement der Staats- und Regierungschefs die Integration der EU faktisch vertieft haben, und zwar stärker als allgemein wahrgenommen. Aber um welchen Preis? Die extreme Flexibilität im

Umgang mit gemeinschaftlich vereinbarten und vertraglich artikulierten Rechtsnormen der EU hat »die europäischen Machtfragen verschleiert und die eigentlichen Politikinhalte entleert« (Kühnhardt). Im schleichenden Abschmelzen des politischen Profils der Union sehe ich die Ursache des Unbehagens, der inneren Distanz und Ablehnung eines großen Teils der Bevölkerung, die sich gegen einen monströs erscheinenden Apparat richtet, der von bürokratischer und finanzwirtschaftlicher Geschäftigkeit beherrscht wird. Der ausufernde Regelungseifer der Kommission hat die Lücke, die entstanden ist, weil die Frage nach der politischen Zukunft der Union ausgeblendet blieb, nicht schließen können. Selbst die Digitalisierung Europas, die den Geist von Bratislava verkörpern soll, ist keine angemessene Antwort auf die politische Umkehr, welche die Menschen von der Europäischen Union erwarten. Wenn der politische Primat der Union derart auf ökonomische und monetäre Aspekte beschränkt und die transformierten Machtverhältnisse der Rechtfertigung durch eine kritische Bevölkerung entzogen werden, lässt sich die Zustimmung der Menschen nicht dadurch gewinnen, dass die EU-Gipfel noch mehr flexible und reaktive Alltagsroutine inszenieren. Die Absicht, technische, ökonomische und monetäre Ebenen aufeinanderzuschichten, ohne dass diese in politische Verfahrensregeln eingebettet werden, die klar erkennbar und plausibel sind, löst die verbreitete Europaskepsis nicht auf. Damit die Bevölkerung sich mit der Europäischen Union identifizieren kann, sind die berechtigten Ansprüche der nationalen und transnationalen Ebene auszugleichen, muss ein reibungsloses Zusammenspiel der EU-Organe gelingen und der Primat des Politischen gegenüber der fiskalischen und monetären Dimension wiedergewonnen werden. Folglich können sich die politischen Eliten nicht daran vorbeiwinden, eine halbwegs transparente Konstitution der Europäischen Union auszuarbeiten. Doch wie könnte eine solche Neujustierung der europäischen und nationalen Institutionen aussehen?

Die Europäische Union ist ein »Staatenverbund«. Nicht die Kopie eines Bundesstaates wie Deutschland oder die USA und auch kein Staatenbund wie etwa die Nato oder die Vereinten Nationen. Ein Bundesstaat ist der Zusammenschluss von Staaten zu einem Gesamtstaat mit einer Regierung. Ein Staatenbund ist der Zusammenschluss von Staaten, die weiterhin souverän bleiben, aber gemeinsame politische Ziele zu erreichen suchen. Die Europäische Union ist ein einzigartiges Gebilde. Im Maastricht-Urteil von 1993 hat das Bundesverfassungsgericht die Wortschöpfung des Staatenverbunds gewählt. Das Lissabon-Urteil hat sich 2009 um eine Definition bemüht: »Eine enge auf Dauer angelegte Verbindung souverän bleibender Staaten, die auf vertraglicher Grundlage öffentliche Gewalt ausübt«. Die EU ist demnach eine supranationale Institution, die in bestimmten Bereichen Gesetze erlassen oder Recht sprechen kann, allerdings nur dann, wenn diese durch Verträge, die von den souveränen Mitgliedstaaten gemäß dem nationalen Verfassungsrecht ratifiziert werden, legitimiert sind. Subjekte demokratischer Legitimation bleiben die Bürgerinnen und Bürger der Mitgliedsstaaten. Die EU ist demnach eine Mehrebenen-Demokratie, »ein sich ergänzendes, ineinandergreifendes System von Demokratien verschiedener Reichweite und Zuständigkeiten: eine national-europäische Doppeldemokratie« (Schäuble). Daraus folgen drei Synthesen: erstens eine Synthese nationalstaatlicher Souveränität und europäischer Unionssouveränität der Bürgerinnen und Bürger, denen ein Doppelpass nationaler Staatsbürgerschaft und einer europäischen Unionsbürgerschaft gegeben werden kann, zweitens eine Synthese der Souveränität der Mitgliedstaaten und der Souveränität der Europäischen Union und drittens die Synthese eines nationalen Institutionengefüges und eines solchen der Europäischen

Union. Die drei Synthesen und deren Glieder sind sowohl gleichrangig aufeinander bezogen als auch voneinander unterschieden – unvermischt und ungetrennt.

5.5 Eine europäische Konstitution

Eine Konstitution der Europäischen Union nennt an prominenter Stelle und als elementare Grundlage die Grundrechte, und zwar in der demokratisch-öffentlichen Logik: erstens das Grundrecht politischer Beteiligung, zweitens als deren Voraussetzung das Grundrecht einer wirtschaftlich, ökosozial und kulturell aufgeladenen Existenzsicherung und drittens das Grundrecht bürgerlicher Freiheit. Die Mitte der Konstitution wird durch das duale parlamentarische System ausgefüllt, das aus dem Europäischen Parlament und den nationalen Parlamenten der Mitgliedstaaten besteht. Diese bilden gemeinsam mit unterschiedlicher Reichweite und Zuständigkeit die gesetzgebenden Instanzen, einschließlich des Initiativrechts. Die Abgeordneten werden nach europäischem Wahlrecht auf der Basis von Stimmengleichheit von den Bürgerinnen und Bürgern der Union gewählt. Europäische Parteien oder Parteienallianzen schlagen gemeinsame Kandidaten vor, die sich über transnationale Listen um ein Mandat bewerben. Der Wahlkampf wird europaweit geführt. Das Parlament wählt mit der Mehrheit der Abgeordneten die Regierung und den Regierungschef der Union. Die Regierung entscheidet und handelt im gesamteuropäischen Interesse. Der Chef oder die Chefin der Exekutive ernennt mit Zustimmung des Parlaments die Minister der Regierung, deren Zahl sich nach den Gesichtspunkten richtet, die für den Zuschnitt der Fachressorts maßgebend sind, und nicht nach der Menge der Mitgliedstaaten. Eine Länderkammer repräsentiert die Souveränität und die Interessen der Mitgliedsländer.

Sie verkörpert die demokratisch legitimierte Beteiligung der Nationalstaaten an der dualen Souveränität, an der Gesetzgebung und Entscheidungskompetenz der Union. Sie bildet ein Gegengewicht nationaler Identität gegen die tendenzielle Machtkonzentration, die sich bei den Institutionen der Union zu bilden pflegt. Die konkrete Ausgestaltung der Balance zwischen der zweifachen Souveränität dieser einzigartigen Mehrebenen-Demokratie wird indessen auf komplizierte und kreative, aber durchsichtige Verfahren angewiesen sein. Beispielsweise ist zu erwägen, ob die Mitglieder der Kammer aus dem Kreis der Abgeordneten der nationalen Parlamente und der Vertreter ziviler Bewegungen entsandt werden und nicht – wie im Deutschen Bundesrat – von den jeweiligen Regierungen oder Regierungskoalitionen. In dieser Skizze eines klar abgegrenzten Institutionengefüges der EU verschwindet der Europäische Rat. Das symbolische Spektakel der 27 Regierungs- und Staatschefs, die sich exekutive Kompetenzen angeeignet, aber gleichzeitig politische Blockaden verursacht haben, ohne die Haushaltskrisen der Eurozone steuern zu können, wird aufgelöst.

Dem Europäischen Gerichtshof in seiner derzeitigen Gestalt gilt besondere Aufmerksamkeit, weil er sich eigenmächtig und auf leisen Sohlen von den exekutiven und parlamentarischen Institutionen der EU und der Mitgliedsländer abgekoppelt hat. Die derzeitige EU hat keine Verfassung. Ihre Rechtsgrundlage ist eine umfangreiche und detaillierte Sammlung zahlreicher völkerrechtlicher Verträge, die in zwei Vertragsbänden, dem »EU-Vertrag« und in dem »Vertrag über die Arbeitsweise der EU« zusammengefasst sind. Dennoch interpretierte der EuGH die darin formulierten Normen nicht als Vertrags-, sondern als Verfassungsbestandteile, die in den Mitgliedsländern direkt und auch vorrangig anwendbar seien. Wenn die Richter beispielsweise meinten, nationale Gesetze zum Arbeitsrecht, zur Mitbestimmung im

Unternehmen, zur sozialen Sicherung, zur Gleichstellung oder zur öffentlichen Daseinsvorsorge würden den Wettbewerb verzerren oder die Marktsteuerung einschränken, setzten sie sich selbstherrlich über Beschlüsse parlamentarischer und exekutiver Institutionen hinweg: »Der Gerichtshof konnte nationales Recht, von dem er annahm, dass es die vier wirtschaftlichen Grundfreiheiten der Verträge einschränkte, in großem Umfang außer Kraft setzen« (Grimm). Mit der vorher skizzierten Konstitution der EU und der dualen Souveränität einer Mehrebenen-Demokratie sind solche Gerichtsentscheidungen, die Handelsverträge summarisch als Verfassungsnormen behandeln, unvereinbar. Deshalb ist in einer Konstitution der EU die Funktionsweise des Europäischen Gerichtshofs als dritter Gewalt mit den Funktionsweisen der Parlamente und der Länderkammer als erster Gewalt sowie der Exekutive als zweiter Gewalt neu zu justieren.

5.6 »Deutschland, Deutschland ...«

Vom früheren US-amerikanischen Außenminister Kissinger wird ein legendärer Satz überliefert: »Wen rufe ich an, wenn ich mit Europa sprechen will?« Der Fraktionsvorsitzende der CDU/CSU im Deutschen Bundestag wusste 2011 auf dem CDU-Parteitag in Leipzig die Antwort: »In Europa wird wieder deutsch gesprochen«, worauf die Medien in Großbritannien verwundert zurückfragten: »Oh, really?« Es mag eine Phase gegeben haben, da Außenstehende der deutschen Kanzlerin eine überlegene Steuerungsfähigkeit der Bankenkrise, der hohen Staatsverschuldung in der Eurozone und der Fluchtbewegungen zutrauten, so dass auch die Bundesrepublik infolge ihrer hohen Bevölkerungszahl und außergewöhnlichen wirtschaftlichen Leistungskraft als erste Adresse in der Europäischen Union galt.

Die Gesellschaft für Internationale Zusammenarbeit (GIZ) hat 2014/2015 bereits zum zweiten Mal 179 Gesprächspartner aus 26 Ländern befragt, welches Bild sie von Deutschland und den Deutschen haben. Die Antworten malen überwiegend positive Bilder von einem »Global Player«, der sein Ressourcenpotential nicht ausschöpfe. Die Bundesregierung spreche für Europa, sei die Lenkerin Europas, was nicht als Bedrohung empfunden werde. Im Unterschied zu solchen Ansichten aus einer allgemein gehaltenen Außenperspektive, denen Respekt und Bewunderung zu entnehmen ist, klingen die Urteile über Deutschlands Rolle in der EU, die aus der Nähe jenseits und diesseits der europäischen Grenzen gefällt werden, pointierter und kritischer. Vier unterschiedliche Positionen, die diese Rolle reflektieren, will ich skizzieren.

(1) Herfried Münkler

Eine erste Position, deren Reflexionsbogen geopolitisch und geschichtlich weit gespannt ist, schildert die privilegierte Lage zweier deutschen Frontstaaten, deren Schutz durch die damaligen Supermächte der UdSSR und der USA garantiert war. Mit dem Ende der DDR im Oktober 1990 ist das vereinigte Deutschland geographisch und geopolitisch in die Mitte Europas gerückt. Dadurch schien das bisherige Gleichgewicht des europäischen Westens gesprengt. Zudem haben die Erosion der »Pax Americana« und das verringerte Engagement der USA für Westeuropa in deren Mitte ein Machtvakuum entstehen lassen. Und die Süd- und Osterweiterung der EU ließ die Bundesrepublik zur Zentralmacht der Union, zur »Macht in der Mitte« werden. Die Übernahme einer solchen Führungsrolle haben die Deutschen sich nicht ausgesucht, sie wurde von den Mitgliedstaaten der Union unausgesprochen erwartet. »*Macht in der Mitte* ist also mehr als eine bloß geographische Bezeichnung; es ist eine politische Position, in der sich erhöhter Einfluss mit gesteigerter Verantwortung verbindet, in der ein Mehr an Macht mit einem Mehr an Verpflichtung zusammenkommt« (Münkler). Der Träger einer solchen Macht muss den politischen und wirtschaftlichen Raum in der Balance halten und Krisen entgegenwirken, die an der Peripherie des Raumes aufbrechen oder von außerhalb eindringen. Kann Deutschland diese anspruchsvolle Rolle spielen? Zwar verfügt Deutschland über die organisatorischen, wirtschaftlichen und politischen Ressourcen, um das Ensemble souveräner Staaten nicht nur fallweise »aus dem Hintergrund« zu moderieren, sondern initiativ und kontinuierlich zu steuern. Aber die hegemoniale Stellung Deutschlands ist mehrfach verwundbar: Je mehr Verantwortung für das Ganze der Union übernommen werden muss, umso brüchiger wird die Bereitschaft der eigenen Bevölkerung, die entstehenden Lasten zu tragen, umso häufiger verfestigen sich Koalitionen der Mitte, die radikalen Kräften am Rand Auftrieb geben. Der »verwundbare Hegemon« kann sich nicht aus den militärischen Konflikten heraushalten, die jenseits der Grenzen der Union aufflammen. Und er spürt den Widerstand von Mitgliedstaaten, die ihn an die deutsche Geschichte erinnern, sobald er fordernd an sie herantritt.

(2) Hans Kundnani

Drei weitere Positionen, welche das Scheitern einer hegemonialen Position Deutschlands in der EU thematisieren, lassen sich auf einen gemeinsamen Nenner bringen: Die deutsche Regierung hat im Umgang mit der Banken- und Verschuldungskrise sowie mit den vor Gewalt und Elend Geflüchteten versagt, indem sie das gemeinsame Interesse der Union geringer eingestuft hat als die eigenen Präferenzen.

In dem ersten Beitrag wird mit einem Blick von außen, aber aus der Nähe die Chance Deutschlands, eine hegemoniale Rolle in der EU zu übernehmen, skeptisch beurteilt. Dem Land, das ökonomisch stark, aber politisch schwach ist, wird eine »geoökonomische Halbhegemonie« (Kundnani) bescheinigt. Die deutsche Vereinigung vor fast 30 Jahren habe nicht dazu geführt, dass der »lange Weg nach Westen« (Winkler) gestoppt wurde. Im Gegenteil, die Bundesrepublik sei um eine vertiefte europäische Integration bemüht gewesen, die durch die Währungsunion gekrönt werden sollte. Aber gleichzeitig hätten sich eine veränderte gesellschaftliche Debatte und ein außenpolitischer Wandel wechselseitig beeinflusst. Während in der kollektiven Erinnerung der Gesellschaft die Bombardierung Dresdens neben das Gedächtnis an den Holocaust trat, habe sich die deutsche Regierung geweigert, an der Seite der USA in den Krieg gegen den Irak zu ziehen. Dennoch hätten sich die außen- und sicherheitspolitischen Vorstellungen der politischen Eliten von einer früher vertretenen idealistisch-pazifistischen Option gelöst. Sie seien mehr und mehr zu multilateralen Militäreinsätzen bereit gewesen, um humanitäre Katastrophen zu verhindern. Dann habe die starke Exportlastigkeit der Wirtschaft die politischen Zielsetzungen auf das Ökonomische fixiert und Deutschland in einen Handelsstaat verwandelt. »Das Paradox der deutschen Stärke« sei an der Vorgehensweise erkannt worden, wie die deutsche Regierung mit den verschuldeten Mitgliedstaaten an der Peripherie der Eurozone umgegangen ist. Zum einen sei Deutschland nicht in der Lage, seine Interessen im Alleingang durchzusetzen, obwohl es die größte Volkswirtschaft in Europa geworden war, zum andern könne und wolle Deutschland die Rolle eines Hegemon nicht übernehmen, weil es deren Kosten scheut. »Ein Hegemon muss in der Lage sein, Verantwortung für die Stabilität des großen Ganzen zu übernehmen. Er muss bereit sein, kurzfristig eigene Nachteile in Kauf zu nehmen, um den langfristigen Erhalt des Ganzen zu sichern. Aber so agiert die Bundesregierung nicht« (Kundnani). Sie suche vor allem die eigenen Vorstellungen beispielsweise freier und funktionsfähiger Märkte durchzusetzen, sei jedoch nicht in der Lage, den anderen Ländern den Sinn ordnungspolitischer Konzepte zu vermitteln, auf ihre Argumente einzugehen und sich in deren Lage zu versetzen. Solange die Deutschen auf ökonomischen Denkmustern beharren, die im angelsächsischen Raum eher als fragwürdig eingeschätzt werden, wachse die Gefahr, dass sich antideutsche Koalitionen bilden, die sich gegen die rigorose Sparpolitik auflehnen oder dagegen wehren, dass die Binnengrenzen den Geflüchteten offen stehen und die Stabilität der EU beschädigen.

(3) Jürgen Habermas

Die zwei weiteren Positionen reflektieren aus der Innenperspektive und mit verschiedenen Akzenten, nämlich im Blick auf das gescheiterte Schuldenmanagement und auf die gescheiterte Asylpolitik, die führende Rolle Deutschlands in der EU. In der einen Stellungnahme wird das »Europa der Deutschen« durch zwei Hinweise kritisch charakterisiert: Der erste Hinweis gilt der Vorgehensweise der Bundesregierung während der so genannten Verschuldungskrise. Sie wusste um die informelle Verhandlungsmacht, über die sie im Europäischen Rat verfügt, und konnte sich auf das ökonomische Gewicht der Bundesrepublik stützen. So habe sie gegenüber den verschuldeten Mitgliedsländern die herrschenden marktradikalen, wirtschaftsliberalen Vorstellungen durchgesetzt und sie genötigt, die einseitige Sparpolitik zu Lasten der Löhne, Sozialleistungen und öffentlichen Infrastruktur zu akzeptieren. Indem Deutschland die Verantwortung für das allgemeine Wohl der EU zurückwies, habe es den wirtschaftlichen, sozialen und territorialen Zusammenhalt der EU fahrlässig gesprengt. Mit dem zweiten Hinweis wird ein Mentalitätswandel heraufbeschworen, der seit der Vereinigung breite Meinungsströme nationalstaatlicher Normalität in Deutschland wachgerufen hat, die an ungute Epochen deutschen Strebens erinnern, eine hegemoniale Position zu besetzen, die in zwei Weltkriegen endete. Westdeutschland sei indessen von solchen national aufgeladenen Strömungen verschont geblieben, weil die politischen Eliten fest in die europäische Integration eingebunden waren. Doch indem sich die deutsche Regierung bei der Hilfe für die krisenanfälligen Mitgliedsstaaten zunehmend der zwischenstaatlichen Zusammenarbeit bedient hat, statt das Gemeinschaftsrecht anzuwenden, schliddere sie unweigerlich in das Dilemma einer halbhegemonialen Position: Sie überantworte die Mitgliedsländer einer Scheinsouveränität, der eine wachsende Eigenverantwortung folgt. Um das Wohlwollen der schwächeren Mitgliedsländer zu erhalten, das Deutschland stark auf die Probe gestellt hatte, sollte es »die Bereitschaft signalisieren, die deutsche Führungsrolle strukturell verzichtbar zu machen und, bei fairem Umgang mit kleineren Staaten, weitere Initiativen im Einverständnis und auf Augenhöhe mit Frankreich zu unternehmen« (Habermas).

(4) Heinrich August Winkler

Die Vorgehensweise der deutschen Regierung im Umgang mit den Geflüchteten, die in den Mitgliedsländern Irritationen und energische Gegenreaktionen ausgelöst hat, wird in der letzten Position im Kontext der deutschen Geschichte durchleuchtet. In der Verfassung der Bundesrepublik sei das Grundrecht auf Asyl über den Rahmen des allgemeinen Völkerrechts hinaus verankert worden. Die Mitglieder des Parlamentarischen Rats hätten sich im Bewusstsein der staatlichen Verfolgungen während des Naziregimes für einen Sonderweg entschieden, der sich von dem der anderen westlichen Demokratien deutlich unterschied. Als jedoch nach dem Zusammenbruch der kommunistischen Systeme in Osteuropa die Zahl der Asylsuchenden erheblich anstieg, sei den Deutschen klar geworden, dass sie mehr versprochen hatten, als sie dauerhaft einhalten können. Der Asylkompromiss von 1993 habe über die Drittstaatenregelung das ursprüngliche Asylrecht praktisch ausgehebelt. Dass selbst die neue Fassung sich vom Asylrecht der EU-Mitgliedsländer unterschied, habe mit der Bewältigung der deutschen Vergangenheit zu tun, mit dem Willen, die Schuld am Zweiten Weltkrieg wiedergutzumachen. Solche Neigung zu einer deutschen Sondermoral zeige sich nicht nur im Asylrecht, sondern auch im außerordentlichen Engagement für die europäische Integration und in einer radikal national-pazifistischen Option. Moralisch überhöhtes Sendungsbewusstsein könne jedoch leicht in den Anspruch eines Moralmonopols umschlagen. Denn indem sich die Deutschen als Weltmeister der Hilfsbereitschaft und Menschenliebe gegenüber den Geflüchteten gebärden, hätten sie auch von den EU-Mitgliedsländern erwartet, sich den Geflüchteten zu öffnen, die über die Balkanroute nach Mitteleuropa kamen. Als die Visegrad-Gruppe und andere Mitgliedsländer sich weigerten, dem deutschen Alleingang zu folgen, warf die deutsche Regierung ihnen mangelnde Solidarität vor. Den starken Rückgang der Geflüchteten, der im folgenden Jahr registriert wurde, habe Deutschland nicht verursacht, wohl aber davon profitiert. Aus den Ereignissen des Jahres 2015 könne erstens gefolgert werden, dass Deutschland als der selbsternannten moralischen EU-Leitnation die Gefolgschaft verweigert wird und dass auf die Frage nach einer hegemonialen Stellung Deutschlands eine zweifach negative Antwort fällig ist: Deutschland wolle und könne kein Hegemon sein, Europa lasse sich nicht von Berlin aus lenken. Und die Hegemonie eines Landes sei mit dem Staatenverbund der EU unvereinbar, der die Souveränität der Nationalstaaten nicht auslöscht. »Die Bundesrepublik hat deshalb gut daran getan, weder nach Hegemonie zu streben, noch sich Analysen ausländischer, vor allem angelsächsischer Beobachter zu eigen zu machen, die ihr eine hegemoniale Rolle in Europa zuschreiben. Unumstritten ist hingegen, dass Deutschland, der bevölkerungsreichste und wirtschaftlich stärkste Mitgliedstaat der EU, eine besondere Verantwortung für den Zusammenhalt der Gemeinschaft trägt« (Winkler).

(5) Resümee

Moralische Führung und Hegemonie eines Landes sind mit der EU als einem Staatenverbund unvereinbar. Aber was bedeutet eine »besondere Verantwortung«, womit wird sie begründet, und wer ist Träger dieser Verantwortung? Eine Antwort auf die erste Frage kann so lauten: Verantwortung übernehmen heißt, sich die beabsichtigten und vorhersehbaren Folgen des eigenen Handelns zurechnen zu lassen und für sie einzustehen. Diese Definition ist ursprünglich an das Selbstverständnis individueller Subjekte gekoppelt. Eine solche »Singularisierung« der Verantwortung ist bei einem systemischen Blick auf die Arbeitsweise der EU und souveräner Nationalstaaten allerdings unangemessen. Deshalb ist der fürsorgliche Begriff individueller Verantwortung füreinander in den beteiligungsoffenen Begriff gesellschaftlicher Verantwortung miteinander zu übersetzen. Der Begriff spiegelt das verbreitete Bewusstsein, dass die Menschen in einer offenen Welt leben, dass ökonomische und politische Systeme einen geschichtlichen Ursprung haben, dass die Menschen kommunikative Lebewesen sind und sich wechselseitig in die Verantwortung rufen. So hat die Weltkirchenkonferenz von Amsterdam 1948 das bekannte Leitbild der »Verantwortlichen Gesellschaft« geprägt. Es handelt sich um eine Verantwortung im allgemeinen Interesse. Für das Verhältnis der europäischen Staaten zueinander bedeutet dies, dass die wiederholt eingeklagte besondere Verantwortung eines oder zweier Kernländer für den Zusammenhalt der Europäischen Union als Staatenverbund von 27 Mitgliedsländern nur gemeinsam von allen wahrgenommen werden kann. Die politisch starken Länder sollten die Interessen der weniger starken und ihr »Rederecht« respektieren und nicht verdrängen. Indem sie sich die Sache der anderen zu eigen machen, ermöglichen sie deren Beteiligung und machen sie nicht zu Randfiguren oder gar überflüssig. Ökonomische Dominanz und nationale Größe der einen dürfen nicht gegen berechtigte Interessen der wirtschaftlich schwächeren und kleineren anderen Länder ausgespielt werden. Folglich ist die politische Moderation des Ausgleichs abweichender Interessen wohl die angemessene Vorgehensweise, wie eine besondere Verantwortung in der Europäischen Union wahrzunehmen ist.

Eine inhaltliche Antwort auf die Frage nach den Kriterien besonderer Verantwortung fällt unbefriedigend aus. Wirtschaftlicher Erfolg ist fragwürdig, weil umstritten bleibt, wie er zustande kommt, erst recht, wenn er soziale Verwerfungen zur Folge hat. Die Legende einer sozialen Marktwirtschaft verdampft angesichts eines real existierenden Kapitalismus, der durch asymmetrische Machtverhältnisse gekennzeichnet ist. Das Leistungskriterium allein ist unzureichend, weil neben der Zufallswahrscheinlichkeit ein glückliches Zusammenspiel menschlicher, natürlicher, monetärer und gesellschaftlicher Ressourcen die angebliche Eigenleistung hervorbringt. Zahlungsbilanzüberschüssen eines EU-Mitgliedslands wie Deutschland entsprechen Zahlungsbilanzdefizite eines anderen Mitgliedslands wie Portugal oder Griechenland, ohne dass die einen als »Sünder« an den Pranger gestellt und die andern als »Helden« gefeiert werden können. Auch das militärische Potential oder die Bevölkerungszahl sind in der demokratisch und egalitär verfassten EU kein überzeugendes Kriterium. Wohl aber das Recht auf Rechtfertigung der europäischen Institutionen und Verfahren, das nicht denen zukommt, die diese Verhältnisse verursacht haben, sondern denen, die davon am meisten betroffen sind.

Wer also als Träger einer besonderen Verantwortung in Frage kommt, hat sich aus den vorherigen Überlegungen bereits ergeben: Jedes einzelne Land wäre überfordert. Deutschland hat aus dieser Einsicht die Schlussfolgerung gezogen, nach dem Druck, den es bei der Konstruktion der Währungsunion auf die Mitgliedsländer ausgeübt hat, sich in der Folgezeit, nämlich in der Asylpolitik und im Schuldenmanagement hinter der Kommission und den Nordländern sowie hinter der Troika – wenngleich nicht sehr erfolgreich – zu verstecken. Selbst die EZB ist ohne geld-, finanz- und realwirtschaftliche Rückendeckung überfordert, zumal sie dem doppelten Einwand einer fehlenden demokratischen Rückbindung und der fraglichen Wirksamkeit einer lockeren Geldpolitik ausgesetzt ist. Daraus folgt, dass der Anteil an der gemeinsam zu tragenden Verantwortung nur in einem diskursiven Verfahren der wechselseitigen und unparteilichen Verständigung der europäischen Mitgliedstaaten »auf Augenhöhe« ermittelt werden kann. So lässt sich vermeiden, dass den schwächeren Ländern erst Vorleistungen auferlegt werden, bevor sie die Hilfe der stärkeren Länder erhalten. Umgekehrt zahlen die stärkeren Länder gemäß ihrem Leistungsvermögen einen höheren Preis für die in der EU erwartete Solidarität. Ein solcher idealtypischer Anspruch mag zu ehrgeizig klingen. Aber er könnte durch eine überschaubare, auch wechselnde Sprechergruppe von Mitgliedsländern geerdet werden. Bisher wurde starr auf die besondere Verständigung und Kooperation zwischen Frankreich und Deutschland gesetzt, wenngleich dieses Tandem in der Vergangenheit oft zwischen herzlicher Zuneigung und unverstellter Aversion pendelte und zu Recht Reaktionen des Unmuts derer provoziert hat, die erst im Nachhinein informiert und beteiligt wurden. Ein solcher privilegierter Kontakt sollte auch nicht beliebig, etwa durch die deutsche Kanzlerin mal nach Osten auf Polen, mal nach Süden auf Italien hin erweitert werden. Nur eine egalitäre Abstimmung großer und kleiner Länder kann bisherige Animositäten oder Rivalitäten ausschalten und den wechselseitigen Respekt festigen.

Nachwort

Die Staats- und Regierungschefs der EU hetzen, da die Verhandlungen mit dem Vereinigten Königreich über den Austritt bevorstehen, in dichter Folge zu formellen oder informellen Gipfeltreffen. Sie diskutieren und suchen nach Antworten auf die externen und internen Herausforderungen, mit denen sie konfrontiert sind.

Von außen beunruhigen der Regierungswechsel in den USA, der militärische Schwelbrand in der Ukraine, die kriegerische Gewalt im Nahen Osten. Welche Position kann und soll die EU in einer multipolaren Welt einnehmen? Ist das ökonomische Potential ausreichend, um sich im globalen Wettbewerb mit aufstrebenden Wirtschaftsmächten zu behaupten? Sind die Instrumente einer geforderten Selbstverteidigung gegen imaginäre Feinde scharf genug?

Die Erinnerung an die Römischen Verträge und interne Herausforderungen, wie etwa die nicht bewältigte Bankenkrise und die Fluchtbewegungen, sind nicht weniger bedrängend. Aus drei Schieflagen heraus ist ein Neustart fällig: Die durch die Währungskrise entstandenen Risse zwischen den Mitgliedsstaaten sind bedrohlich. Ebenso die Risse zwischen zentralen Institutionen und Verfahren der EU auf der einen und den Nationalstaaten auf der anderen Seite. Und erst recht die Risse zwischen der Ebene der Regierenden und der Lebenswelt der Bürgerinnen und Bürger, dem ersten Souverän der EU. Die »Doppeldemokratie« muss eine andere Balance ihrer Mehrebenen finden.

Was ist los mit dir, Europa? Das Resümee, das die externe und interne Dimension einer nicht verschieden schnellen, sondern einer integrierten EU formuliert, und die Reflexionen der vorherigen Kapitel will ich abschließend in zwei Bildern einfangen.

Erstens erinnere ich mich an die Hochzeit einer Verwandten, die als leitende Erzieherin in einer Kita arbeitet. Eines der ihr anvertrauten Kinder nähert sich ein wenig schüchtern der Braut im weißen Kleid, um ihr zu dem »schönsten Tag« des Lebens zu gratulieren. Was macht die junge Frau? Sie hockt sich hin, kniet sich ungeachtet des Brautkleids in den Staub, um dem Kind auf Augenhöhe, von Angesicht zu Angesicht zu begegnen. Ich wünsche mir, dass ein Neustart aus der aktuell kritischen Lage der Europäischen Union sich nicht in Debatten und Konferenzen auf Gipfelhöhe erschöpft. Die erkennbaren Institutionen und Verfahren der EU sollten sich ernsthaft auf die Ebene der Nationen, Regionen und Lebenswelten der Bürgerinnen und Bürger ausrichten und sie beteiligen.

Zweitens ist mir ein Bild sehr vertraut, das in der Augsburger Kirche St. Peter am Perlach hängt. In der Mitte steht aufrecht in souveräner Haltung eine Frau, um ihren Kopf strahlen zwölf Sterne, die für die Europa-Flagge übernommen sind. Von links reicht ihr ein Engel ein total verknotetes Band. Anders als der Große Alexander greift sie nicht zum Schwert, um die Knoten durchzuhauen. Sondern sie löst mit ihren feingliedrigen Fingern ruhig, konzentriert und gelassen einen Knoten nach dem andern. Das frei schwebende, nicht zerknitterte Band gleitet nach unten in die Hände eines Engels, der es weiter zur Erde leitet. »Maria Knotenlöserin« ist das Bild unterschrieben. Ich wünsche mir, dass die EU-Eliten jetzt nicht in eine erregte Rhetorik und ruckartige Umtriebigkeit stolpern. Dass sie nicht – angesichts der Wahlen in diesem Jahr – im blinden Aktionismus verwickelte

Knoten durchschlagen. Es gibt gute Gründe, die unmittelbaren Herausforderungen geduldig anzugehen, aber auf mittlere Sicht ist eine Reform der Institutionen und Verfahren unvermeidbar, damit sie durchsichtig werden. Denn nur so kann es der EU gelingen, den Bürgerinnen und Bürgern wieder eine sichere Garantie für Gerechtigkeit, Frieden und Solidarität zu bieten.

Literatur

Belke, Ansgar (2010): Chronik einer angekündigten Pleite – Die Anleihekäufe der Europäischen Zentralbank gefährden nicht nur ihre politische, sondern auch ihre finanzielle Unabhängigkeit, in: *Financial Times Deutschland*, 19.05.2010, S. 26.

Blume, Georg; Brost, Marc; Hildebrandt, Tina u.a. (2016): Die Nacht, in der Deutschland die Kontrolle verlor. Was geschah am 4. September 2015? Ein Protokoll, in: *Die Zeit* vom 18. August 2016, S. 2–9.

Blyth, Mark (2014): *Wie Europa sich kaputtspart. Die gescheiterte Idee der Austeritätspolitik*, Bonn.

Böhm, Andrea (2015): Was hält ein Land aus? In: *Die Zeit* Nr. 12 vom 23. April.

Bogdandy, Arnim von (2005): Die europäische Republik, in: *APuZ* 55, Heft 36, 21–27.

Braun, Reiner, und Simons, Harald (2015): empirica paper Nr. 230, Empirica institut.

Cecchini, Paolo (1988): *Europa, 92. Der Vorteil des Binnenmarkts*, Baden-Baden.

Caro, Céline-Agathe (2014): Mehr Subsidiarität in Europa – aber an der richtigen Stelle, in: *Analysen und Argumente*, Ausgabe 143, Konrad-Adenauer-Stiftung, Berlin.

Clement, Wolfgang; Dulger, Rainer; Issing, Otmar; Stark, Jürgen; Tietmeyer, Hans (2016): Zurück zur Eigenverantwortung. Ein Plädoyer für ein subsidiäres Europa, in: *Frankfurter Allgemeine Zeitung* vom 21. Oktober, S. 16.

Deutsche Gesellschaft für Internationale Zusammenarbeit (Hg.) (2015): Deutschland in den Augen der Welt, Zentrale Ergebnisse der 2. GIZ-Erhebung, Bonn/Eschborn.

Di Fabio, Udo (2014): Eine demokratische Zäsur? Wie Jürgen Habermas die Wirklichkeit der Europawahl auf den Kopf stellt, in: *Frankfurter Allgemeine Zeitung* vom 10. Juni, S. 7.

Duinkerken, Malou Jil (2013): Die Europäische Bürgerinitiative – Ein effektives Instrument direkter Partizipation?, Münchener

Beiträge zur Politikwissenschaft, Geschwister-Scholl-Institut für Politikwissenschaft, München.

Europäische Kommission (2015): Fünf-Präsidenten-Bericht zur Vollendung der Wirtschafts- und Währungsunion, Nachrichten, Nachricht 22. Juni.

Europäische Kommission (1985): Vollendung des Binnenmarktes. Weißbuch der Kommission an den Europäischen Rat Mailand, 28./29 Juni.

Europäischer Rat (2000): Schlussfolgerungen des Vorsitzes, Ein strategisches Ziel für das kommende Jahrzehnt, der Weg in die Zukunft, 23./24. März.

Frevert, Ute (2016): Zu unserem Glück vereint?, in: *Frankfurter Allgemeine Zeitung*, 24. Oktober, S. 6.

Friedman, Milton (1970): *Die optimale Geldmenge und andere Essays*, München.

Grimm, Dieter (2016): *Europa ja – aber welches? Zur Verfassung der europäischen Demokratie*, 3. Auflage, München.

Grimm, Dieter (2016): Europa – Wo liegt das Demokratieproblem?, in: Zur Debatte. Themen der Katholischen Akademie in Bayern 6, S. 5–7.

Guérot, Ulrike (2016): »Europa, was ist mit dir los?« Was die EU von Papst Franziskus lernen kann, in: *Stimmen der Zeit* Jg. 141, H. 9, 589–599.

Gutschker, Thomas (2015): Machtverschiebung, in: *Frankfurter Allgemeine Sonntagszeitung* vom 1. November, S. 8.

Habermas, Jürgen (2015): Der Demos Demokratie, in: *Leviathan 43*, S. 145–155.

Habermas, Jürgen (2014): Europa wird direkt ins Herz getroffen, in: *Frankfurter Allgemeine Zeitung* vom 30. Mai, S. 9.

Habermas, Jürgen (2014): »Für ein starkes Europa« – aber was heißt das?, in: *Blätter für deutsche und internationale Politik 3*, S. 86–94.

Hacker, Björn (2017): Die Zukunft der Eurozone: Der Fünf-Präsidenten-Bericht orientiert sich an Schäubles Stabilitätsunion, Friedrich Ebert Stiftung, Berlin.

Hassemer, Winfried (2014): Ach Europa, in: *Süddeutsche Zeitung* vom 14. Januar 2014, S. 12.

Hayek, Friedrich August von (1977): *Entnationalisierung des Geldes*. Tübingen.

Hayek, Friedrich August, von (1988) *Die verhängnisvolle Anmaßung. Die Irrtümer des Sozialismus*, Tübingen.

Hayek, Friedrich August von (1991) *Die Verfassung der Freiheit,* Tübingen.

Haucap, Justus / Kooths, Stefan / Mayer, Thomas / Schäffler, Frank (2015): Plädoyer für ein konföderales Europa, in: *Frankfurter Allgemeine Zeitung* vom 4. November 2015, S. 18.
Hengsbach, Friedhelm (2001): Solidarität im Sturzflug? Eine sozialethische Reflexion, in: *WSI-Mitteilungen 54*, S. 471–477.
Hengsbach, Friedhelm (2015): *Teilen, nicht töten*, 2. Auflage, Frankfurt am Main.
Henneke; Hans-Günter (2014): Wie verteilt man 640 Milliarden Euro?, in: *Frankfurter Allgemeine Zeitung* vom 27. Januar, S. 7.
Hilpold, Peter u.a. (Hg.) (2016): *Europa der Regionen*, Berlin, Heidelberg.
Höpner, Martin / Scharpf, Fritz / Streeck, Wolfgang (2016): Europa braucht die Nation, in: *Die Zeit* vom 15. September.
Hoffmann, Isabell (2016): Brexit lässt die Zustimmung zur EU deutlich steigen, Gütersloh.
Kalmbach, Peter (1973): *Der neue Monetarismus*, München.
Kaufmann, Franz-Xaver (1984): Solidarität als Steuerungsform – Erklärungsansätze bei Adam Smith, in: Kaufmann, Franz-Xaver / Krüsselberg, Hans-Günter (Hg.) *Markt, Staat und Solidarität bei Adam Smith*, Frankfurt am Main, S. 158–184.
Kilz, Hans Werner (Hg.) (1992): *Der Vertrag von Maastricht,* Hamburg.
Kirchenamt der Evangelischen Kirche in Deutschland (Hg.) (2009): *»Wie ein Riss in einer hohen Mauer.« Wort des Rates der Evangelischen Kirche in Deutschland zur globalen Finanzmarkt- und Wirtschaftskrise*, EKD Texte 100.
Kühnhardt, Ludger (2014): Die Europa-Rettung, in: *Frankfurter Allgemeine Zeitung* vom 17. März, S. 6.
Kundnani, Hans (2016): »Deutschland verursacht Chaos.« Im Gespräch mit Marc Brost und Mark Schieritz, in: *Die Zeit* vom 7. Juli.
Kundnani, Hans (2016): *German Power. Das Paradox der deutschen Stärke*, München.
Landfried, Christine (2014): Wir wollen mehr Hannah Arendt wagen, in: *Frankfurter Allgemeine Zeitung* vom 4. Februar, S. 30.
Lübbe, Hermann (2016): Der verspätete Kontinent, in: *Frankfurter Allgemeine Zeitung* vom 23. Juni, S. 9.
Menasse, Robert (2014): *Heimat ist die schönste Utopie. Reden (wir) über Europa*, Berlin.
Moritz, Florian (2015): Stellungnahme des Deutschen Gewerkschaftsbundes zum Bericht »Die Wirtschafts- und Währungsunion Europas vollenden« (Bericht der fünf Präsidenten) zur Fortentwicklung der wirtschaftspolitischen Steuerung in EU

und Eurozone, Deutscher Gewerkschaftsbund, Abteilung Wirtschafts-, Finanz- und Steuerpolitik, Berlin.
Münkler, Herfried (2015): *Die Macht in der Mitte. Die neuen Aufgaben Deutschlands in Europa*, Hamburg.
Münkler, Marina, und Münkler, Herfried: (2016): *Die neuen Deutschen. Ein Land vor seiner Zukunft*, Berlin.
Oltmer, Jochen (2016): *Globale Migration. Geschichte und Gegenwart*, 2. überarbeitete und aktualisierte Auflage, München.
Papst Franziskus (2015): *Laudato si'* – Über die Sorge für das Gemeinsame Haus. Die Umwelt-Enzyklika des Papstes, Rom: Libreria Edritice Vaticana, Nr. 53, S. 203.
Papst Paul VI. (1967): Enzyklika »Über die Entwicklung der Völker«, Nr. 23.
Scally, Derek (2015): Mächtig, böse, deutsch, in: *Die Zeit* vom 6. August, S. 4.
Schäuble, Wolfgang (2014): Die neue europäische Ernsthaftigkeit, in *Frankfurter Allgemeine Zeitung* vom 21. März, S. 12.
Schäuble, Wolfgang (2016): Europa zwischen Wunsch und Wirklichkeit, in: *Frankfurter Allgemeine Zeitung* vom 25. Januar, S. 6.
Schieder, Siegfried (2014): Zwischen Führungsanspruch und Wirklichkeit. Deutschlands Rolle in der Eurozone, in: *Leviathan 42*, S. 363–397.
Schmid, Christian / Bartels, Romy (2001): *Handbuch zum Dubliner Übereinkommen*, Wien.
Seifert, Wolfgang (2012): Geschichte der Zuwanderung nach 1950, in: Bundeszentrale für politische Bildung (Hg.): *Deutsche Verhältnisse. Eine Sozialkunde*, S. 66–73.
Stokes, Bruce (2016): *Euroscepticism Beyond Brexit. Significant Opposition in Key European Countries to an ever closer EU*, Washington.
Winkler, Heinrich August (2010): *Der lange Weg nach Westen. Deutsche Geschichte*; Bd. 1: *Vom Ende des Reiches bis zur Weimarer Republik*. Bd. 2: *Vom ›Dritten Reich‹ bis zur Wiedervereinigung*, 7. durchgesehene Auflage, München.
Winkler, Heinrich August (2016): Es gibt kein deutsches Moralmonopol, in: *Die Zeit* vom 21. April.
Woellert, Franziska, und Klingholz, Reiner (2014): *Neue Potentiale. Zur Lage der Integration in Deutschland*, Berlin: Berliner Institut für Bevölkerung und Entwicklung.